KB261651

10년 안에 부자를 만드는
2030 실전재테크

10년 안에 부자를 만드는
2030 실전재테크

초판 1쇄 인쇄 | 2008년 2월 10일
초판 1쇄 발행 | 2008년 2월 20일
지은이 | 이승호 · 조영복 · 송재상
펴낸이 | 조종현
펴낸곳 | 북오션

종 이 | 대한실업
출 력 | 푸른서울
인 쇄 | 정민문화
출판신고번호 | 제313-2007-000197호

주 소 | 서울시 마포구 서교동 468-2번지
이메일 | bookrose@naver.com
전 화 | (02)322-6709
팩 스 | (02)3143-3964

ISBN 978-89-960334-0-0 (03320)

*책값은 뒤표지에 있습니다.
*잘못 만들어진 책은 구입하신 서점에서 교환해 드립니다.

이승호 · 조영복 · 송재상 지음

북오션

이 책을 쓰기 시작했을 때 1,400포인트에 머물렀던 지수가 막바지 작업을 앞둔 시점에서 연일 사상 최고치를 기록하고 있다. 2007년 초에 투자 전략에 관한 책을 출판하고 여의도에서 강의를 하면서, 2007년 주식시장은 사상 최고치를 달성할 가능성이 높다는 것을 언급하면서, 2,000포인트도 우리가 생각하는 것보다 빠른 시간 내에 볼 수 있다는 말을 했다. 당시에 강연장에서 했던 말을 그대로 옮기자면 "1/4 분기 내에 조정이 예상되고, 더워져서 반팔을 입고 다닐 때쯤에는 사상 최고치를 달성할 수 있을 가능성이 있습니다. 아마도 우리가 생각하는 것보다는 더 빨리 2,000포인트 시대를 맞이할 수 있을지도 모릅니다" 라고 언급했던 걸로 기억하고 있다.

그리고 나서 몇달 후 몇 통의 전화와 이메일을 받았다. 연초에 강연을 나갔을 때 강의를 들었던 수강생 분들이었다. 그분들의 대부분은 시장이 너무 빠르게 올라가는 바람에 조정을 기다리다 투자 기회를 놓친 분들이다. 앞으로 어떻게 하는 게 좋겠느냐고 물어보는 것이다. 연초에도 어느 정도 비슷하게 시장을 이야기했으니, 앞으로 어떻게 될 것인지 궁금한 것 같았다. 하지만 애석하게도 그분들이 원하는 답을 명쾌하게 제시해 줄 방법은 없었다. 어느 누구도 매번 정확하게 시장을 예측할 수 없기 때문이다.

2000년대 이후 전 세계적으로 나타나는 공통적인 현상은, 대부분의 자산 가격들이 올랐다는 것이다. 전 세계적으로 주식뿐만 아니라 부동산, 원자재 등의 가격까지 동반 상승하는 모습을 보이고 있다. 이 시기에는 단순히 하나의 자산만 선택해서 몇 년 간 투자를 하면 상당한 수익을 거둘 수 있었다.

일각에서는 콜 금리 정책을 시행하는 국가들이 공통적으로 자산 가격 폭등 현상을 겪었다는 의견(한국의 경우 IMF의 권고안에 따라 98년 이후 지급준비율 정책에서 콜 금리 정책으로 바꾸었음. 한국 역시 2000년대 이후 자산가치 폭등 현상을 동일하게 겪음)도 있으며, 사이버 머니, 신용 카드 등의 등장과 자산가치 상승에 따른 개인들의 재산이 늘어나면서 유동성 자금들이 시장에 유입되어 자산가치가 뛴 것이라 말하기도 한다. 유동성을 확인할 수 있는 방법 중에 하나로 최근의 글로벌 M&A의 현상을 분석해 보면, 과거 미국 주도의 글로벌 M&A 열풍은 전 세계적으로 확대되어 M&A 기업 수의 절대적인 증가를 불러일으켜, 각국 증시에서 심심치 않게 볼 수 있게 되었다.

선진국들은 불어난 자금으로 아시아를 비롯한 신흥시장 국가의 주식시장에 투자를 하고 있고, 선진국으로의 수출 증대로 돈을 번 신흥시장의 국가들은 선진국 시장의 채권에 투자를 하고, 일부는 신흥시장의 주식시장에 투자를 하기도 한다. 규모조차 파악하기 힘든 엔 캐리 트레이드 자금과(저금리의 엔화나 스위스 프랑을 빌려서 고금리의 채권이나 주식에 투자하는 것) 중동지방의 오일 머니 등은 전 세계적인 자금의 유동성을 풍부하게 만들어서 돈의 향연을 마음껏 즐기는 분위기가 되어 가고 있다. 자칫 위험할 수도 있는 이런 분위기가 지속된다고 가정한다면, 아시아 국가를 비롯한 신흥시장의 주식시장은 지속적인 상승 추세를 이어나갈 것이며, 투자자들에게는 부를 키워주는 효자 노릇을 계속할 수도 있는 것이다.

이 책에서는 이런 변화하는 시장(market)을 어떻게 이해해야 하며, 어떤 재테크 전략을 수립해 보아야 하는지에 대해서 고민하는 분들에게 조금이라도 도움이 되고자 다양한 내용들로 구성해 보았다. 앞부분에서는 대한민국의 재테크 환경에 대해 다루고 있다. 인구, 금리, 주식시장, 노령화 등의 다양한 측면에서 이 시대를 살고 있는 사람들이 앞으로는 어떤 생각을 가져야 하는지에 대해서 말을 하고 있는 것이다. 중요한 것은 최근의 메가 트렌드는 금융시장이 중심이라는 점이다. 인구 구조의 사이클을 파악하고, 금리, 물가 측면에서 점검해 보면, 향후 금융시장은 각광을 받을 가능성이 매우 커지고 있다는 것을 엿볼 수 있다.

지금부터 8~10년 내에 대한민국의 주식시장은 2005년, 2007년 등과 같은 상승 장세를 몇 차례 더 볼 수 있을 것이며, 부동산 시장

역시 과거의 주상복합 아파트, 타운 하우스 등과 같이 새로운 테마를 형성하여 인구 정점 시기에 새로운 수요를 생성하여 가격 상승을 꾀할 수 있을 것이다. 그리고 리디노미네이션과 같은 정책이 실행되어 투자 기회를 한 번 더 만들 수 있을 수 있고, 글로벌 경제의 충격이나 한국 경제의 충격 등으로 자산가치가 폭락을 하게 되어 가격 부담 때문에 투자를 꺼려했던 투자자들에게 싼 가격에 가치 있는 자산에 투자할 수 있는 기회도 줄 수 있을 것이다.

이런 시대를 앞두고 있는 상황에서 2030세대가 가져야 할 것은 풍부한 지식과 오픈 마인드의 태도이다. 과거의 패러다임이나 고정관념으로 자산의 평가를 속단하지 말아야 하며, 꾸준한 노력과 지식 습득을 통해서 새로운 투자기회를 선점하는 것이 중요하다. 펀드 투자 문화가 널리 보급되었다고 하지만, 아직까지도 제대로 펀드 투자를 해보지 못한 사람들도 많으며, 주식시장이 400~500포인트가 올라 지수가 부담스러운 상황에서야 한번 해 볼까 하고 증권사를 기웃거리는 사람들도 의외로 많다.

지금이라도 늦지 않았다. 경험을 해 보시라. 부동산이 되었든, 펀드가 되었든, 주식이 되었든 간에 경험을 해 보고 본인에게 과연 맞는 것인가를 판단해야 한다. 준비하는 자만이 미래의 부를 얻을 수 있다는 사실을 잊지 말아야 한다.

2008년 1월
저자 일동

chapter 3

반드시 챙겨야 할 생활 속의 재테크

chapter 4
어떤 무기로 시장에 뛰어들 것인가?

chapter 1

미래를 준비하는 자세가 필요하다

2030 재테크가 특별할 수밖에 없는 이유 / 앞으로의 10년
이 남은 생을 좌우한다 / 대비 없는 노후는 고통이다

2030은 재테크에 대한 정보를 수집하고 인적 커뮤니티를 형성하는
데 있어서 가장 우월한 세대이다. 인구변화에 따른 자산시장의 패러다임
을 알아보고 미래를 준비할 수 있도록 한다.

2030 재테크가
특별할 수밖에 없는 이유

무더운 7월의 여름 오후, 강남에 위치한 교육장에 직장인으로 보이는 사람들이 삼삼오오 나타나기 시작한다. 이 직장인들 사이에는 가정주부로 보이는 사람부터 퇴직을 했을 법한 나이의 어르신까지 다양한 사람들이 몇몇 끼어 있을 뿐 상당수가 2030세대로 보이는 사람들이다. 2030세대들의 재테크에 대한 열기를 간접적으로나마 느껴볼 수 있는 상황이다.

몇 년 전부터 불기 시작한 재테크 열풍이 재테크 정보를 공유하는 인터넷 커뮤니티를 형성하였고, 오프라인 재테크 강의는 자리가 모자랄 정도로 큰 인기를 끌고 있다. 그런데 이들 재테크 열풍의 중심에는 2030세대들이 자리하고 있다. 이제 막 직장생활을 시작해서 미래의 부에 대한 막연한 호기심을 가진 사람부터, 체계적인 재테크를 하기 위해서 정보를 수집하는 사람, 그리고 더 나아가 전문가 수준의 지식을 갖추고 있는 사람까지 다양하다.

이들 2030세대는 학창시절부터 컴퓨터를 가까이 해 온 대한민국 인터넷 1세대들이다. 당연히 인터넷 활용에 있어서 매우 익숙한 수준이고 더 나아가 인터넷 문화를 주도하고 있다. 이 말은 이들이 재테크에 대한 정보를 수집하고 인적 커뮤니티를 형성하는 데 있어서 대한민국에서 가장 우월한 세대라는 의미이다.

인터넷이 보유하고 있는 정보량은 실로 어마어마한 수준이라 할 수 있다. 맹세코 이 세상의 어떤 뛰어난 금융 전략가, 전문가도 인터넷의 정보량을 넘을 수 없다. 문제가 있다면 이들 정보에 대한 신뢰성이겠지만, 어느 정도의 검증능력을 보유하고 있는 사람이라면 이보다 더 좋은 정보의 천국이 없을 것이라 생각한다.

이런 인터넷을 활용한 지적 추구 활동은 다른 세대들과 차별화시킬 수 있는 2030세대들만의 무기가 될 수 있으며, 실제로 인터넷상의 많은 커뮤니티에서 맹활약을 하고 있는 사람들을 오프라인상에서 만나보면 2030세대들이 많다. 본인의 지식을 공유하여 다른 사람들에게 지식을 전파하기도 하고 잘못 알고 있는 부분을 수정하기도 하는 과정을 통해서 스스로를 준금융전문가로 만들고 있는 것이다.

인정하고 싶지 않을 수도 있지만, 사람에게는 연령대별로 학습능력 수준에 상당한 차이가 있다. "공부할 때가 따로 있다"는 옛 어른들의 말은 따지고 보면 틀린 말이 아니다. 즉 2030세대들의 또 다른 장점 중에 하나는 바로 학습능력이 좋은 나이라는 것이다.

재테크에 대한 관심과 열정만 있으면 다양한 정보의 수용능력과 활용능력이 매우 뛰어나다. 특히, 요즘처럼 하루가 멀다 하고 새로운 형태의 금융상품과 투자자산이 생겨나는 시기에는 이들의 발 빠른 정보 습득능력과 해석능력은 다른 세대들이 갖기 힘든 매우 큰 장점이라 할 수 있다. 실제로 강의를 나가서 질문을 받게 되면, 2030세대들의 질문 수준은 상당히 세련된 편이다. 좁게는 상품에 숨겨진 장점과 함정 등에 대한 질문부터 넓게는 글로벌 경제에 대한 궁금증까지 다양하면서도 깊이가 있다.

이런 질문에 대한 배경은 2030세대들의 학습능력이 아닐까라는 생각이 든다. 서점에 쏟아지는 재테크 관련 서적, TV방송과 신문, 오프라인 강의에서 인터넷 강의까지, 재테크는 맘 먹고 공부한다면 얼마든지 정보 수용이 가능하다는 점을 알아두어야 한다. 얼마나 좋은가? 전문가를 직접 알지 못하더라도 그들의 의견과 지식을 손쉽게 들을 수 있고 공유할 수 있는 인프라가 구축되어 있다는 점이 말이다. 나이가 들수록 학습능력은 떨어지고 재테크보다 더 신경 써야 할 부분들이(자녀교육, 자녀결혼, 노후대책 등) 늘어나고 있는데, 자산을 불리는 데에만 집중할 수 있는 지금 이 순간이 얼마나 적절한 시기인가를 분명히 직시해야 한다.

또 다른 2030세대들의 장점은 사고의 유연성에 있다. 2007년 주식시장은 다시 한번 큰 상승시기를 거쳤다. 이런 상승시기에 일반인들은 주식투자를 하는 옆 사람들이 마냥 부러웠을 테지만, 내면을 뜯어 보면 꼭 그렇지만은 않다는 것을 알 수 있다. 1,400포인트 못

미쳐서 시작한 상승랠리는 몇 개월 간 거의 쉬지 않고 올라갈 정도로 무서운 기세를 보였다.

당시 사람들은 한국 시장은 아직 2,000포인트를 넘기에 무리가 있다고 생각했다. 또한 단기간에 너무나 빨리 올랐기 때문에 조정을 대비해야 한다고 판단하여 미리 현금화를 시켜서 하락 장세 때 재매수를 노리는 사람들도 있었으며, 아예 처음부터 동참을 하지 못하고 주식시장은 위험한 시장이라는 기존의 고정관념만을 되새기는 사람들도 있었다. 하지만 대한민국의 주식시장은 보란 듯이 2,000포인트를 넘어섰다. 이런 현상들이 의미하는 것은 바로 패러다임의 변화이다.

과거의 한국 시장을 바라보던 패러다임을 가지고 있는 사람에게는 2007년의 대한민국 주식시장의 축제는 먼 나라 이야기였고, 때로는 먼 친척이 땅을 산 것보다 더 배 아픈 일이기도 하였다. 하지만 사고의 유연성을 가지고 고정관념을 깨고서 생각해 보았다면 이런 축제에 동참을 할 수 있었을 테고, 소기의 목적을 달성할 수 있었을 것이라 판단된다.

2030세대들은 과거 세대들과는 다른 유연한 사고를 가지고 있다. 물론 이들 세대가 과거 시장의 등락을 겪지 못한 이론만 겸비한 세대라고 할 수도 있겠지만, 사고의 유연성이라는 큰 무기를 들고 있기 때문에, 실전에서도 이 무기를 적절히 활용할 수 있다. 고정관념을 갖는다는 것은 스스로가 재테크의 함정에 빠질 수 있다는 것을 증명하는 것이다. 물론 고정관념을 깨는 과정에서 여러 번의 좋은 기회를 놓치게 될지도 모른다. 그러나 고정관념을 깨고 유연한 사고를 가지고 대처하는 2030세대들은 실로 급변하는 글로벌 투자 환경에 적합한 투자 전략가의 기본 마인드를 가지고 있다고 볼 수 있다.

마지막으로 2030세대들이 가지고 있는 큰 장점 중 하나는 사회성이다. 2030세대는 직장에서 위아래 사람들을 두루 통틀어서 가장 친하게 지내고, 모임에 활발하게 참여를 하는 세대들이다. 이들이 그런 자리에서 막내로 지내든, 중간 자리를 차지하든 간에 말이다.

최근 재테크 열풍은 직장 내에서도 많은 관심사가 되었으며, 서로들 간에 많은 정보를 주고받는 정보 공유의 장이 되기도 하였다. 2030세대들이 사회성을 십분 발휘하면, 앉은 자리에서 여러 금융기관의 추천상품과 최근 이슈가 된 재테크 강의의 중요한 내용과 각 증권사의 추천종목들을 알 수 있게 되는 것이다. 가족 전체가 발로 뛰는 것보다 더 쉽게 정보를 얻을 수 있는 것이다.

물론 이 중에는 불필요한 정보도 있을 테고, 마이너스가 되는 정보도 있지만, 사회성을 발휘하여 많은 정보를 얻게 되는 것이 긍정적 요소인 것만은 분명하다.

위에서 열거한 바와 같이 매우 다양한 세대적 특징을 지니고 있는데도 불구하고 어떤 사람은 무언가를 알려는 의지 없이 단순히 주변 사람의 의견만 가지고 본인의 소중한 자산을 관리하는 사람들이 있다. 여러 번 강조하지만, 본인이 정확히 알지 못하는 지식을 가지고 투자를 한다는 것은 몸에 기름을 붓고 불길에 뛰어드는 것 같은 결과가 뻔히 보이는 일이라 할 수 있다. 설사 처음 몇 번은 성공할 수 있다 하더라도 결국에는 번 것보다 더 큰 대가를 치르게 되어 있다.

재테크에 있어서 성공이 지속되기 위해서는 본인의 학습과 노력이 분명히 필요하다는 것을 알아야 한다. 너무나 좋은 환경과 장점을 가지고 있는 2030세대들이여, 그대들의 잠자고 있는 능력을 깨워 보도록 하자. 너무나 다른 세상을 볼 수 있을 것이고, 지식의 충족뿐만 아니라 자산 증식의 기쁨도 함께 맛볼 수 있을 것이다.

02 앞으로의 10년이 남은 생을 좌우한다

　지금은 잘 알려져 있지 않지만, 가족계획협회라는 단체가 있다. 이 단체의 중요한 설립목적 중에 하나는 과거 1960~70년대에 폭발적으로 늘어나는 자연 인구 증가를 가족계획을 통해서 억제하는 것이었다. 당시의 대표적인 표어 중에 하나가 바로 "아들 딸 구별 말고 둘만 낳아 잘 기르자"였다. 당시에는 국민들이 가족계획에 대해 무지했기 때문에 각종 제도를 통해서 인구를 감소시키고자 노력했고, 그 결과 인구 증가율이 1960년대 3.3%에서 80년대 1.57%로 낮아지게 되었고, 세계적인 가족계획 모범국가로 인정받기도 하였다.

　2007년 4월, 우리나라 정부에서는 '저출산, 고령화사회 기본법'을 제정하였다. 출산율은 떨어지고, 노인들은 늘어나는 '늙어가는 대한민국'에 대해서 정부 차원에서 대처하겠다는 의지로 볼 수 있다. 하지만 과거 인구 감소 정책하에서도 그랬듯이 일반 사람들은 이런 인구구조 변화의 심각성을 실감하지 못하고 있다. 주말만 되면 결혼식에, 돌잔치에 뛰어다니느라 바쁜데, 저출산이 무슨 문제냐는 식이다. 우리나라에는 500만 명이 넘는 기생 독신자들이 있다고 한다. 기생 독신자들이란 부모로부터 독립하지 않고, 독신생활을 즐기는 사람들을 의미한다. 이렇듯 최근 사회적으로 늦깎이 결혼과 독신자들의 수가 늘어나면서 저출산으로 인한 향후 생산연령 인구 비중이 감소할 것이라는 우려의 목소리가 높아지고 있다.

금융업계에 종사하는 많은 전문가들은 ‘2015년 전후를 대한민국 인구의 정점이라 보고 있다. 즉, 그 전후로 해서 인구구조 변화에 따른 많은 사회적 · 경제적 변화가 일어날 것이라 보고 있는 것이다. 2015년까지 남은 10여 년간 대한민국은 생산활동 인구가 유지되기 때문에 안정적인 성장이 기대되며, 저성장과 저금리가 지속될 가능성이 클 것으로 판단된다. 또한 2015년부터 2025년에 이르는 기간 동안은 생산연령 인구 비율이 하락하는 시기이기 때문에 생산성을 크게 향상시키지 못할 경우 1인당 국민소득을 높이거나 유지하기는 점차 어려워질 것으로 예상된다. 향후 10여 년간 경제성장의 급속한 하락은 없더라도 그 이후 수요의 감소에 대해서는 어느 정도 준비를 해야 할 것이다. 또한 생산활동 인구와 관련해 한국의 이민법 등의 개정으로 외국인 노동자들이 국내 노동시장으로 적극 유입될 수도 있다는 사실을 염두에 두어야 한다. 향후 투자자는 인구 구조의 변화에 대해 하나의 기회이자, 동시에 위기로 인식을 해야 한다. 인구가 정점을 찍는 그 순간이 인구에 의해 자산가치가 증가하는 정점이 될 것이다. 왜냐하면 국가의 생산성이 최고조를 이루는 시기이기 때문이다. 즉, 인구의 변화는 자산시장의 패러다임을 변화시키는 계기가 될 것이며 대한민국 역시 예외가 될 수 없다.

일본의 경우 1930~40년대에 초유의 베이비 붐 세대를 맞이했다. 미국은 같은 시기에 대공황의 영향으로 경제적인 위축을 경험하였지만, 2차대전 이후인 1940년대 후반에서 60년대 사이에 평화적 분위기와 함께 베이비 붐 세대들이 등장했다.

이 두 국가의 베이비 붐 세대들은 연령대 증가와 함께 산업 전체를 키우는 무서움을 발휘하게 된다. 이들 세대들의 신생아 시대에는 미국의 기저귀산업이 호황을 누렸으며, 이들이 신세대 문화를 즐긴 시대에는 엔터테인먼트산업, 음료산업, 식품산업 등이 혜택을 누렸다. 또한 이들이 직장을 잡고 본인들의 재테크에 관심을 가지면서 투자를 하기 시작하자 주가에 영향을 주었고, 펀드 투자자의 확대, 그리고 집값 상승에까지 영향을 주게 되었다. 일본의 땅값이 사상 최고치였던 1990년대와 미국의 최근 집값 폭등의 시간 차이가 두 국가의 베이비 붐 세대의 시간 차이와 유사한 것은 우연의 일치가 아님을 명심해야 한다.

최근 우리나라 농촌을 들여다본 적이 있는가? 농촌 인구의 인구 구성은 고령화 세대에 인구 비중이 상당히 몰려 있다. "일손이 부족해서 농사짓기 힘들다"는 말은 결코 빈말이 아니다. 그렇다면 과연 20년 후의 대한민국은 어떤 모습일까?

한국의 고령화 속도

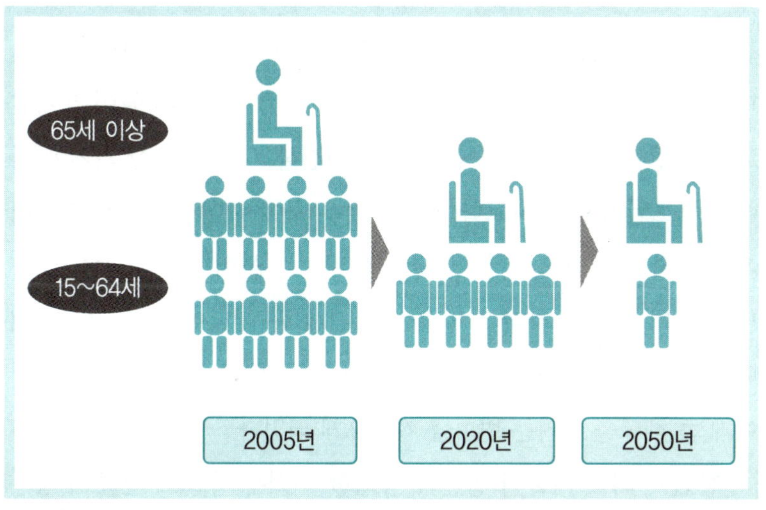

우리나라가 안고 있는 큰 문제점 중에 하나가 저출산 문제이다. 출산율이 세계 평균의 절반에도 못 미치고 있으며, 선진국에 비해서도 상당히 떨어져 있는 수준이다. 이런 저출산의 원인은 매우 다양하다. 하지만 이런 저출산 역시 산업구조의 변화와 생활환경의 변화에 의한 것이라고 보는 것이 옳을 것이다. 과거 농업, 어업과 같이 노동 생산이 주를 이루는 시대에 자식은 곧 훌륭한 노동자를 의미했다. 하지만 산업화가 진행될수록 자식은 '노동자'의 개념에서 '가족 구성원'의 의미로 변화되었다. 단순하게 농업활동과 사냥활동 등을 통해서 먹을 것을 생산해내는 일꾼이 아니라 가족의 기쁨과 행복, 슬픔을 함께 나누고 공감하는 구성원의 개념으로 바뀌는 것이다. 그리고 사회가 발전하여 임금이 늘어나면서 과거에는 신경 쓰지 않던 근로시간에 신경을 쓰게 되었다. 임금을 얼마 주지 않을 때는 몇 시간만 일하고 돈을 적게 받았지만, 이제는 일을 열심히 하면 임금을 더 주는 사회구조로 변화되자 조금 더 일을 하려는 사람들이 생겨났고, 그들은 경제적 가치 창출에 더욱 매진하고 있다. 또한 과거에 아이를 돌보던 역할을 학교나 학원과 같은 곳에서 대신 하면서 맞벌이가 가능하게 되었고, 동시에 교육비 지출이 늘어나게 되었다. 교육비 지출의 증가는 자녀가 많은 부모에게 큰 부담이 되었으며 이에 따라 여러 명의 아이들에게 많은 혜택을 주기보다는 한두 명의 아이에게 큰 혜택을 주려는 변화를 가져오게 되었다.

반면에 의학 기술의 발달과 풍족한 의식주 등으로 평균 수명은 꾸준히 증가하고 있다. 대한민국의 고령화 속도는 전 세계 어느 국가와 비교해도 뒤지지 않을 만큼 빠르다. 그 속도의 수준은 가히 '혁명'적 수준이며, 전 인구의 20%가 65세 이상인 '초고령 사회'로의 진입 속도는 다른 선진국들의 1/2~1/4 수준이다. 영국과 노르웨이가 초고령 사회로 진입하는 데 44년 걸리고, 프랑스는 40년, 스웨덴은 39년, 독일이 38년 정도 걸리는데 비해서 한국은 8년이 걸리는 것으로 예상된다. 또한 한국의 평균 수명은 전 세계 평균의 2배 정도의 수준으로 상승하고 있다. 1960년 한국의 평균 수명은 52.4세였지만, 2000년대 한국의 평균 수명은 75.5세에 이른다.

이는 한국에서만 나타나는 현상은 아니다. 불과 40~50년 전만 해도 각 국가의 평균 수명 차이는 20~30년 이상으로 격차가 벌어지기도 하였으나, 최근 이런 격차가 상당히 줄어들었고, 특히 개발도상국에서 경제성장을 한 국가들의 경우 평균 수명은 급격하게 증가하는 모습을 목격할 수 있다. 이런 변화들은 이제 막 선진국 대열의 문턱에까지 힘들게 뛰어온 대한민국이 선진국들 가운데서 제일 늙은 선수가 되어 세계의 무대에서 사라질 수도 있다는 것을 말해 준다. 생각해 보라. 지하철에서 나란히 앉아 있는 5명 중에 1명은 65세 이상의 노인이고, 가구 5채당 1채에는 65세 인구가 가장으로 있는 것이다. 그 시대가 오면 노약자석이 무의미해지고 오히려 '유아 및 청소년 보호석'이 생길 수도 있다.

현재 2030세대들이 취업과 높은 부동산 가격이 큰 부담이 되었다면, 그 다음의 2030세대들에게 가장 버거운 것은 많은 노인들을 직·간접적으로 부양해야 한다는 것이다. 물론 지금 세대들도 노인들을 각종 세금과 연금 등을 통해서 직·간접적으로 부양을 하고 있다. 하지만 다음 세대들의 부담감은 현재 세대들의 몇 배에 이를 정도로 커진다. 현재 많은 선진국들이 선택하고 있는 연금제는 '부과형’ 연금제인데, 인구구조상 노인층을 떠받들고 있는 젊은 사람들이 많아야 붕괴되지 않는 구조이다. 이런 구조적 문제 때문에 ‘부과형 연금제도’를 선택하고 있는 각국에서는 이를 개선하기 위한 노력을 강구하고 있는 실정이다. 하지만 어떤 형태로 변하든 간에 현재 인구 변화의 추세로 보아서는 젊은 층들이 앞으로 부담하게 될 부담감이 결코 만만치 않을 것이다. 또한 복지정책이 아직 충분치 않은 대한민국의 경우에는 국가가 운영하는 공적연금보다는 개인이 준비하는 개인연금의 기여도가 더 커질 것으로 예상되며, 이에 따라서 보다 길어진 노후 준비기간을 효율적으로 활용하여 개인연금과 .퇴직연금을 철저하게 준비하는 것이 개인의 노후생활에 큰 영향을 줄 것이라고 판단된다.

다음으로 바뀔 수 있는 사회 변화 중에 하나는 퇴직정년의 연장이다. 전 세대들이 불같이 타오른 경제의 성장기를 겪고 ‘구조조정’이라는 시대적 변화를 겪은 세대라면, 현재 2030세대들은 ‘취업난’과 ‘정년 연장’이라는 시대적 변화를 겪을 가능성이 매우 크다. 인구의 고령화와 기대수명의 증가, 그리고 출산율의 저하는 쉽게 말하면, 시장진입 세대들인 젊은이들의 숫자가 줄어들고 과거의 잣대로 보았을 때 퇴직연령의 세대들은 넘쳐난다는 것이다. 일할 젊은이들은 없고 나이 많은 직원들만 있다고 한다면, 회사의 입장에서는 퇴직정년에 변화를 줄 것이다. 즉, 현재의 2030세대들은 사상 초유의 취업난을 뚫고 직장에 들어가야 하는 어려움을 겪고 있지만, 이들이 40~50대가 되게 되면 정년 연장을 누리게 되어 전 세대에 비해서 더욱 늘어난 직장생활을 할 수 있게 될 것이라 판단된다. 여성들의 경우도 예외는 아니다. 인구구조 변화로 인한 사회적 변화는 기업의 여성인력의 활용에 적극적인 분위기를 조성해 줄 것이며, 여성과 고령층의 경제활동의 확대는 고용관행을 크게 변화시켜서 미혼인 여성들뿐 아니라 주부들에게도 근로의 기회를 부여할 수 있도록 근무 여건의 탄력적인 운용이 도입될 가능성이 높다. 2030세대들의 부모님들이 사회적 변화에 의해서 본인의 의지와 상관없이 짧아진 정년과 예상치 못한 구조조정이라는 힘든 시기를 겪었다면, 현재의 2030세대들은 본인의 능력이 충분하고 의지만 있다면 남성, 여성 구분없이 길어진 정년과 확대된 직장고용 시대를 누릴 수 있을 것이다.

일본의 경우 단카이 세대(일본의 전후 베이비 붐 세대)의 정년퇴직으로 일손이 부족해지자 기업들이 정년퇴직을 65세로 연장했으며, 2007년 일본 대졸자들의 취업률은 96%를 기록하여 사상 최고의 기록을 갱신하였고, 퇴직자들의 재고용을 추진하는 기업들도 생겨나고 있다.

지금의 2030세대들이 직장을 힘들게 잡았다면, 정년 연장에 대한 꿈을 한번쯤 꿔도 괜찮을 것이라 판단된다. 만약 퇴직정년의 연장이 지속된다면, 이는 가계 수입의 연장을 의미하며, 노후 준비를 할 수 있는 기간이 늘어나게 되어 근로자들이 보다 장기적인 시각으로 계획을 수립할 수 있는 계기가 될 수 있다.

|||| 베이비 붐 세대들의 자산 패러다임

일본은 2007년 들어서 베이비 붐 세대들이 60세 정년이 되어 본격적인 퇴직을 하는 시기를 맞이하게 되었다. 2007년부터 시작된 베이비 붐 세대들의 퇴직은 향후 5년간 퇴직자 수의 50%를 증가시키는 역할을 할 것이며, 이들 세대들의 대량 퇴직으로 인해 사회적·경제적 손실이 클 것으로 일본의 정부와 기업들은 예상하고 있다.

우리나라의 베이비 붐 세대들은 현재 30대 후반에서 40대 후반의 연령대를 형성하고 있다. 한국이 다른 국가들에 비해 다소 늦은 이유 중 하나는 '한국전쟁'의 기간이 걸쳐져 있었던 것이 원인으로 지적된다. 중국의 경우도 1949년 '붉은 중국'의 출범 이후 자연재해

미국·일본·한국의 베이비 붐 세대 비교

국가	특 징
미국	1946~64년생 1년에 총 2조 달러를 쓰며 전체 소비의 50%를 차지 2006년부터 은퇴 개시 고령자 주 소득원 : 공적연금 및 생활보호(55.8%), 자녀 및 친지 지원(23%)
일본	1947~49년생 179조 엔의 거대한 금융자산 보유 2007년부터 은퇴 개시 고령자 주 소득원 : 공적연금 및 생활보호(57.4%), 근로소득(21%)
한국	1955~63년생 과다한 자녀 교육비 지출로 소비여력 미비 2008년부터 은퇴 개시 고령자 주 소득원 : 자녀 및 친지 지원(56.6%), 근로소득(26%)

와 소련의 원조 중단 등이 인구 감소에 큰 원인이 되어 한국과 비슷한 생산활동 인구 비중을 보이고 있는 것으로 파악된다. 중국의 고성장 정책의 강력한 추진의 이면에는 이런 이유도 있다. 미국의 경우 베이비 붐 세대들이 자산시장을 새로 개편했다고 해도 과언이 아닐 정도로 자산시장에 미친 영향이 상당히 크다. 일본에서도 그랬듯이 미국의 경우에도 베이비 붐 세대들이 40대가 되었을 때 주식시장은 장기적인 상승추세를 그리기 시작하였고, 펀드 열풍까지 몰고 오게 되었다.

우리나라의 경우에도 30대에서 40대에 이르는 베이비 붐 세대들이 본격적으로 노후 준비를 시작하면 자산시장에 영향을 줄 수 있다. 1990년대 후반 이후 40대 인구가 급증해 왔지만 자산시장에 미치는 영향은 2005년부터 2015년 동안의 기간이 자산시장 활성화의 효과가 더 클 것으로 예상된다. 절대적인 수치에서만 보더라도 1994~2004년 평균 653만 명보다 30% 정도가 많은 40대 인구 평균치가 2005~15년에 분포될 것이다.

과거 주택가격에는 실제로 한국의 베이비 붐 세대들이 이미 영향을 미친 사례가 있다. 우리나라에서 베이비 붐 세대로 추정하는 세대는 1950년 중반 이후 출생한 사람들을 일컫는다. 실제로 '58년 개띠'란 귀에 익숙한 단어가 있듯이 이 세대 사람들은 어딜 가도 줄을 서야 하고, 유달리 모임이 많은 세대들이다. 이들 세대들의 라이프 사이클은 우리나라 자산가치의 가격 변화 사이클과 유사하게 움직이는 것을 알 수 있다. 한국의 베이비 붐 세대들이 성년이 되어 군대를 다녀온 후 직장생활을 시작하면서 본격적으로 사회에 진입하는 시대인 1980년대 후반 이후는 신규 주택에 대한 수요가 급증하여 전국의 주택과 아파트, 빌라 등의 가격이 상승하던 시기였고, 이런 수요에 발맞추어 노태우 정권 때는 전국 200만 호 건설을 추진하는 정책을 내놓기도 했었다. 그리고 이들이 40대에 접어들어 소득이 늘어나고 저축이 증가하는 시기에 들면서 조금 더 큰 평수의 집으로 옮기려는 수요가 새롭게 생기기 시작했고, 2000년대 들어서 서울 지역의 중대형 아파트를 중심으로 가격이 상승하기 시작하였다. 우리나라의 경우도 베이비 붐 세대들이 자산 가격에 영향을 줄 수 있다는 것을 보여준 대표적인 사례라고 할 수 있다.

지금의 30대에서 40대의 베이비 붐 세대들이 노후 준비를 한다는 것은 저축을 하고, 노후 연금을 마련하는 행동 등을 의미한다. 40대는 라이프 사이클상 소득 수준과 저축 성향이 가장 높은 세대이기 때문에 이들의 저축 수준이 자산시장을 부양하는 역할을 하고 있다. 하지만 우리나라의 경우 여러 가지 여건상 과거처럼 퇴직금을 은행에 맡기기만 해도 예금 이자로 생활비를 쓸 수 있는 고금리 시대는 다시 오기 힘들기 때문에, 저축의 경우 과거만큼 크게 늘어나지는 않을 것으로 예상된다. 저금리로 인하여 투자자들이 금리에 만족하지 못해 펀드 투자로 눈을 돌리기도 하였지만, 최근 국내의 펀드 열풍은 사실상 주가의 고공 행진으로 인하여 수익을 크게 내는 사람들이 늘어나고 언론 등에서도 연일 펀드에 대한 내용들을 꾸준히 다룬 영향이 크다. 그러나 저금리 시대가 몇 년 더 연장될 경우 본격적인 펀드 시대가 열릴 것으로 판단되며, 이에 따라 주식시장 등의 유동성이 증가하여 펀드의 수익률은 더 좋아질 것이며, 펀드의 높은 수익률을 보고 투자자금이 더욱 몰리는 선순환 구조를 이룰 가능성이 크다.

하지만 지금 문제가 되고 있는 부분은 한국 가계 구성 자산의 대부분이 부동산 자산에 편중되어 있다는 점이다. 노벨 경제학상 수상자인 프랑코 모딜리아니(Franco Modigliani)에 따르면 개인은 본인이 평생 동안 벌어들일 수입을 감안하여 소비를 한다고 한다. 즉, 젊은 시기는 지출이 많고 소득이 적은 시기이므로, 미리 미래의 소득을 당겨서 사용하고, 소득이 없는 노년기에는 소비보다 소득이 많은 중년기에 저축한 자산을 사용한다는 것이다.

그러나 우리나라와 같이 노년기가 되어서 현금자산이 극히 적고 대부분의 자산이 부동산에 편중된 가계자산 형태를 가지고 있으면 노년에 현금으로 활용 가능한 금융자산이 없게 된다는 것이 문제가 된다.

이런 가계자산 구조의 심각성을 인지한 선진국 정부에서 도입한 금융상품이 바로 역모기지론이다. 역모기지론은 보유 부동산을 담보로 금융기관에서 일정기간 일정금액을 연금의 형태로 받는 장기 주택 저당 대출상품이다. 매달 일정한 노후자금을 확보할 수 있으며 차입자의 사망시 배우자에게 연금의 지불이 지속적으로 가능하다는 점에서 큰 주목을 끌고 있다. 그러나 모기지론 역시 본인의 자산에서 지출하는 형태가 아닌 부채를 통하여 노후생활을 유지하는 개념이다. 현재 대한민국의 재테크 패턴은 대부분이 직장생활 동안 모은 종자돈과 은행 대출금을 합쳐서 내 집을 마련하고, 직장생활을 하면서 들어오는 돈의 대부분을 대출금 상환과 아이들 교육비로 사용하는 것이다. 현재까지는 다행히 '대한민국 부동산 불패'의 명성하에 집값이 상승하였기에, 자산이 전체적으로 상승하는 효과를 보았지만, 부동산 가격이 하락하는 날에는 매우 힘든 노후를 보낼 수 있다. 부동산 거품 붕괴를 미리 겪었던 일본의 경우 50~60대들이 1/3로 가치가 줄어든 부동산의 대출금을 상환하느라 현금 유동성에 허덕이는 모습을 심심치 않게 볼 수 있다.

ⅠⅠⅠⅠ 2030이 선택해야 할 유망자산

앞에서 살펴본 바와 같이 인구구조의 변화와 자산 패러다임의 변화가 한국의 경우에도 예외 없이 적용된다면, 우리는 이런 변화기 속에서 어떤 유망 자산을 선택해야 할까?

가장 먼저 선택될 자산이 바로 주식자산이다. 주식자산은 여타 자산들과 비교해 보아도, 또 다른 나라의 주식시장과 비교해 보아도 저평가되어 있는 자산 중의 하나이다. 베이비 붐 세대들이 40~50대가 되는 국면에서는 미국이나 일본 등과 같이 한국에서도 수요가 급증할 것이라 예상되며, 이런 수요는 최근 몇 년 사이에 급증하기 시작하여 향후 몇 년간은 지속될 것이라 판단된다. 따라서 지금의 2030세대들은 새로운 주식시장 수요 국면을 맞이하여 주식시장에 대한 직접투자 및 간접투자에 대한 관심을 기울여야 할 것이다.

다음으로 유망시되는 자산은 채권이다. 현재는 채권에 대한 일반인의 투자가 잘 이루어지고 있지 않은 것이 현실이다. 채권의 개념조차 익숙하지 않을 뿐더러 부동산, 예금, 주식 등에 밀려 개인 투자자들에게 알려질 기회가 적었기 때문이다.

하지만 연기금과 같은 대형 기관에서는 대부분의 자산을 채권에 투자하고 있으며, 향후 채권시장의 여건은 현재보다 좋아질 것으로 예상된다. 채권의 수요자는 자산 보존의 욕구가 강한 계층에서 많은 편인데, 베이비 붐 세대들이 본격적인 노후 시기에 진입할 무렵이면 채권에 대한 신규 수요가 증가할 것으로 예상된다. 이는 채권의 안정적 · 고정적 · 상대적으로 높은 이자를 지급하는 구조적 특성 때문이다. 따라서 채권 투자에 대한 막연한 두려움보다는 지금부터라도 단기채에 대한 채권 투자를 통해서 채권에 대한 이해를 돕는 것도 훗날 재테크를 하는 데 있어서 큰 도움이 될 것이라 판단된다.

자산 패러다임의 변화를 읽으면 돈이 보인다

✳ 우리가 잘 느끼지는 못하고 있지만 사회적·경제적으로 큰 변화가 오고 있다. 2000년대 이후로 부동산, 주식시장, 원자재시장 등 어떤 자산이나 2~3년 이상 투자를 했으면 큰 수익을 낼 수 있었다. 국내뿐 아니라 세계적으로도 큰 트렌드의 변화가 진행되고 있는 것이다.

인구구조의 변화는 향후 부동산시장과 주식시장에 큰 변수로 작용하게 될 것이다. 변화의 흐름에 따라 노동구조도 변화될 것이며, 시중 자금 흐름의 변동이 크게 일어날 것이다. 신규 비즈니스가 등장하게 될 것이고, 정년 연장으로 인해 자기 계발에 최선을 다한 능력 있는 사원은 회사에서 오래 살아남을 수 있으며 이런 사회적 변화의 틈에서 투자의 기회가 생겨날 것이라 예상된다.

과거의 20%가 넘는 고금리 시대에는 퇴직금을 은행에 맡기는 것만으로도 충분한 생활이 가능했으며, 월급의 일부만 꼬박꼬박 저축을 해도 목돈을 만들기가 지금보다 훨씬 더 수월했다. 하지만, 지금 은행의 예금은 자산 운용 수단이 아니라, 금고에 돈을 넣어두는 '보관'의 의미 외에는 찾기가 어렵다.

얼마 전 경제 신문에 의미 있는 기사가 하나 실렸다. 3년 전 강남의 30평대 모 아파트와 국내 주식형펀드에 투자한 사람의 경우 어떤 자산이 더 많은 수익을 올렸냐에 대한 기사였다. 승자는 주식형펀드였다. 그것도 미미한 차이가 아니라 주식형펀드가 3배나 높은 수익을 올린 것이다. 이는 투자 패러다임의 변화를 보여주는 예라 할 수 있다. 우리의 노후를 책임져 주는 연기금도 확정금리 상품으로는 운용 자체가 힘들 것이라 판단하여 지속적으로 주식시장에 대한 투자 비중을 높이고 있으며, 눈에 불을 켜고 대체 투자 수단을 찾고 있다. 금융권 전문가들의 향후 전망 있는 자산에 대한 설문조사를 하면 주식시장에 대한 투자가 계속해서 상위권에 오르고 있다.

상상해 보자. 2015년 전후로 하여 베이비 붐 세대들이 은퇴하기 시작할 것이고, 인구도 증가율이 둔화되어 하락세로 돌아설 것이며, 길어진 노후는 개인적인 고민이 아니라 모든 이들의 관심사가 될 것이다. 이제는 부동산, 주식, 채권에 관심을 갖자. 부동산은 내가 살아가야 하는 터전을 마련해 줄 것이며, 주식은 자산을 증식시켜 줄 것이고, 채권은 노후에 안정적인 현금 흐름을 가져다줄 수 있을 것이다. 과거의 안경을 낀 채 새로운 시대를 바라보지 말고, 새로운 안경을 끼고 새로운 시대의 변화를 넓게 보도록 하자. ✳

대비 없는
노후는 고통이다

2006년 노인의 날을 맞아 통계청에서 발표한 '2006 고령자 통계'에 따르면 올해 65세 이상 인구의 비율이 9.5%로, 2000년 '고령화 사회'(총인구의 7% 이상이 65세 이상 인구)에 진입한 이후 고령화가 빠르게 진행되고 있다고 한다. 2003년 기준으로 60세 이상 노인 가구수는 약 300만 가구에 달하며, 이 가운데 27%는 사적 이전과

KDI 추정 한국 인구구성 변화 추이

(단위 : 만 명, %)

연도	총인구	0~14세	15~64세	65세 이상
2005	4,817.8	19.2	71.8	9.1
2015	4,959.9	14.0	73.2	12.8
2020	4,975.8	12.9	71.7	15.4
2030	4,922.5	12.0	64.5	23.6
2040	4,685.2	11.0	58.0	31.0
2050	4,275.4	9.9	54.4	35.7

공공 부조를 모두 합한 총가구소득이 최저 생계비에도 못 미치는 절대 빈곤 상태인 것으로 조사됐다.

경제의 발전과 의학의 발달은 국민의 평균 수명을 연장시키는 역할을 하고 있지만, 한국사회는 이런 연장에 따른 특별한 대비책이 없다. 한국은 기업의 구조조정이나 정년 단축 등은 선진국과 대비하여 비슷한 모습을 띠고 있지만, 점진적인 경제성장으로 국가의 경제적 체력이 어느 정도 비축되어 있는 선진국의 발달된 사회보장 제도와는 달리, 급속한 경제성장 뒤에 뒤따르는 급속한 고령화 현상이 예상되기 때문에 국민 개개인이 이를 준비해야 한다. 빠르게 진행되는 노후화는 한국의 잠재 성장률을 현재의 4%대에서 0.6%대까지 하락시킬 수 있다는 연구 결과도 나왔다. 잠재 성장률의 지속적인 하락은 국가와 기업 차원의 노후 지원이 사실상 쉽지는 않다는 것을 나타내는 것이기도 하다.

이런 인구 통계적·경제적 변화를 앞둔 시점에서 현 시대를 살아가고 있는 사람들은 어떤 준비를 하고 있으며, 또 어떤 준비를 해야 하는지 이 책에서 살펴보고자 한다.

|||| 노후에 필요한 금융자산은?

직장인들의 평균 퇴직연령은 점점 낮아지고 있다. 모 기관의 연구 통계에 따르면 임금 근로자들의 퇴직연령은 절반이 50대 초반으로 나타나고 있다. 특히 주 직장을 퇴직한 퇴직자들 중에서 재취업에 성공할 확률은 15% 수준으로, 직장을 퇴직함과 동시에 근로자로서의 인생을 끝내는 것으로 알려져 있다. 최근 대한상공회의소와 HSBC의 조사에 따르면 직장인들 가운데 은퇴 준비를 하고 있는 사람들은 30%에도 못 미치는 것으로 알려져 있고, 준비하고 있다고 대답한 응답자들의 상당수도 저축액이 1억 원 이하에 불과해 사실상 필요한 자금을 채우지 못하고 있는 것이 현실이다.

퇴직 후 생활에 대해 심각하게 고민해 보지 않은 현재 직장인들의 심각성은 여기에 그치지 않는다. 상공회의소의 노후대책 설문조사 중에는 노후 준비를 하고 있다고 밝힌 사람들 중 절반은 '국민연금'이 노후대책이라고 밝히고 있다고 한다. 이 말은 노후를 새로운 삶의 일부로 받아들이고 있다는 의미가 아니다. 정부에서도 입장을 밝혔듯이 국민연금은 최소한의 노후생활을 위한 자금일 뿐이다.

10대에는 대학 진학을 위해서 중·고등학교에서 6년 동안 공부를 하고, 20대에는 취업을 위해서 도서관에서 책과 씨름했지만, 20여 년 동안 직장생활을 하며 정작 제일 중요한 노후생활에 대해서 아무런 준비를 안 하고 있는 것이다. 조사에 따르면 OECD 국가들 중에서 한국의 경우 취직연령이 25세로, OECD 평균인 22.9세보다 2년 정도 늦으며, 평균 퇴직연령도 56.8세로 EU의 15개국 평균보다 5년가량 빠르다. 사회보장 장치가 잘되어 있는 선진 국가들과 비교할 때 늦게 취직해서 일찍 회사를 나온다는 말이다.

그리고 한국에서는 자녀의 교육비 마련이라는 큰 부담이 부모들의 어깨를 누르고 있다. 교육비 마련에 대한 부분은 경험상 대부분의 직장인들이 등한시하고 있는 부분 중에 하나이다. 그냥 막연하게 '내 아이가 대학 들어갈 15년쯤 뒤에는 돈을 벌어놨겠지' 라고 생각하고 있다. 하지만 자녀 교육비에 대한 부분은 철저하게 다른 주머니를 준비해 놓아야 한다. 노후 준비자금과 생활비, 그리고 교육비를 한 주머니에서 쓰려고 하지 말아야 한다. 자녀 교육비에 소득의 상당부분을 지출하는 한국 사회의 구조는 현재의 근로자 중 상당수를 미래 노후 시기의 잠재적 파산자로 내몰릴 수도 있다는 이야기는 괜히 나오는 이야기가 아니다. 따라서 노후에 대한 준비는 정부나 회사를 탓하기 전에 근로자 스스로가 미리 준비를 해야 하는 것이다. 한국인의 평균 연령이 78.6세이고, 한국의 평균 수명 연장속도는 세계 최고 수준임을 감안했을 때 현재의 20~30대는 평균적으로 30년 이상을 일정한 소득 없이 노후를 보내야 할지도 모른다.

또한, 통계청이 발표한 자료에 따르면 2006년 기준으로 국내 가계의 보유 자산 중 부동산이 76.8%, 금융자산 20.4%, 기타 자산이 2.7%로 구성되어 있다. 그리고 노인가구의 총자산과 순자산은 일반 가구의 절반 수준에도 못 미치고 부동산자산은 84%, 금융자산은 15%에 이를 정도로 부동산에 대한 편중이 사회 전반적으로도 심한 편이고, 노인가구의 경우 더 심한 것으로 나타나고 있다.

현재 한국에서 노후를 준비하는 사람들의 대책은 부동산이다. 본인이 살고 있는 아파트나 주택 한 채가 대부분인 것이다. 하지만

20~30대가 퇴직 후 생활을 맞이하게 될 20~30년 뒤의 대한민국은 현재와는 많이 다른 모습을 하고 있을 것이다. 퇴직 후 실현 소득이 발생되지 않는, 즉 현금이 유입되지 않는 부동산자산으로 30년 이상의 노후를 살아가야 한다는 것은 결코 쉽지 않은 이야기이다. 거기에 더해서 인구의 감소로 인하여 부동산에 대한 수요 감소와 가격 하락마저 이어진다면 미래의 노후생활은 지금 꿈꾸는 노후생활과는 무척 다를 것이다.

이런 것에 대비하여 국가 차원에서 마련한 상품이 바로 역모기지론이다. 20~30년 뒤의 노인들의 가계 자산의 대부분이 부동산인데, 노동으로 인한 수입은 없고 금융자산이 적은 상태에서 30년 정도의 생활을 위해서 다른 형태의 대안을 제시해 주어야 하는데, 그런 제시안 중에 하나가 역모기지론을 통한 노후 연금의 지급이다. 하지만 우리나라에는 뿌리 깊은 '부동산 불패 신화'가 남아 있다. 금융자산을 보유하고 퇴직을 하기보다는 부동산을 보유하고 퇴직하는 것을 더 선호하고 있는 것이다. 어떤 자산이건 간에 가격이 오르기만 하는 자산은 결코 있을 수 없다. 일본의 경우 부동산, 주식 가격이 최고조에 달했던 시기에 부동산을 구입했던 이들은 현재까지도 대출금을 갚느라 고생하고 있다. 현재의 부동산을 팔아도 대출금 상환을 다 못하고 있는 상태이다. 일본의 경우에 비추어 우리는 노후에 대한 계획, 그리고 노후에 필요한 금융자산에 대한 계획 모두를 심각하게 고민해 봐야 한다.

ⅠⅠⅠⅠ 노후에 필요한 자금은 얼마나 될까?

노후 자금의 규모를 정하는 것은 쉬운 일이 아니다. 금융기관, 방송국 등에서 여러 형태의 노후 필요자금을 내놓고 있긴 하지만, 그 중에는 금융기관의 마케팅 전략이 포함되어 있는 부분도 있을 것이고, 통계상의 오류로 인하여 금액 추정이 잘못된 것도 있을 수 있다. 하지만, 이는 어디까지나 참조하는 의미일 뿐이고, 실제의 노후 자금은 개인별로 엄연하게 다를 수밖에 없다. 개인이 현재 보유중인 자산의 규모가 다를 수 있고, 처한 환경에 따라 지출이나 소득 규모도 판이하게 다르기 때문이다. 보유 자산의 형태도 부동산인가 금융자산인가에 따라서 가치평가가 달라질 수 있다. 또한 연령대가 다르면 적용할 물가나 금리 수준도 달라진다. 사는 지역이 서울이냐, 아니면 지방 광역시냐에 따라서도 생활비 규모가 달라질 수 있다. 즉, 절대적으로 노후에 얼마가 필요하다는 정답은 없다. 개인별로 추정을 하여 목표 금액을 설정해야 한다. 하지만 적어도 어떠한 기준으로 보았을 때 얼마가 필요한가를 알아두어야 나름의 계획을 세울 수 있을 것이다.

금융기관들이 보고 있는 노후 자금의 평균은 4억 원에서 많게는 13억 원까지 보고 있다. 평균적으로 금융기관에서 발표하는 노후 자금은 7억 원 수준으로 알려져 있다. 7억 원이라는 금액은 사실상 일반 직장인들이 쉽게 벌기 어려운 금액이다. 단순히 근로기간 동안 수입을 저축 위주로 한다고 하지 않는 이상 이 정도의 금액은 평범한 근로자에게는 꿈 같은 이야기일 수 있다. 앞에서 언급한 대로 금융기관 측에서는 노후 필요자금 규모를 일반적으로 크게 보고 있다. 재테크의 수단 역시 저금리의 확정금리 상품 위주로, 그리고 물가상승률은 높게 보기 때문에 노후 필요자금의 규모가 더 커 보일 수 있다.

이런 노후 자금에 대해 국내의 모 연구기관에서 반박의 보고서를 쓴 적이 있다. 연구 보고서에 의하면, 언론 등을 통해 알려져 있는 노후 필요자금의 규모는 너무 과대 포장되어 있으며, 직접 연구해 본 결과 필요자금의 규모는 상당히 축소될 수 있다는 것이었다. 연구 분석은 부부의 나이는 동일하고, 근로자의 경우 60세 은퇴를 가정했으며, 은퇴 이후 매년 동일한 금액을 생활비로 쓰며, 은퇴 이후 쓸 생활비를 60세 이전에 준비한다는 것이 기본전제였다.

연구 결과 현재 품위 있는 삶을 위해서는 40세의 경우 군 지역에서는 3억 4천만 원, 시나 광역시에서는 5억 4천만 원~5억 5천만 원, 서울은 7억 원 정도가 필요하다고 나왔다. 그런데 여기서 말하는 여유생활의 라이프 스타일은 부부가 매월 1회 음악회나 영화관에 가고, 1년에 한 번 종합검진을 받고, 피트니스센터의 한 코스를 매월 수강하며, 1년에 한 번쯤 해외 여행을 가는 것을 의미한다고 나와 있다. 이 정도의 여유생활을 하려면 연 평균 1,200만 원에서 1,900만 원 정도가 필요하며, 월 지출로는 107만 원~162만 원이 되는 셈이다.

개인적인 기준에 따라서 달라질 수 있겠지만, 위에 제시된 여유 생활의 라이프 스타일은 여유라기보다는 20~30여 년간 돈을 벌고 모으기 위해 개인적인 시간을 희생하고, 일과 가족을 위해 애쓴 노력에 대한 최소한의 대가가 아닌가라는 생각이 든다. 따라서 본인이 생각하는 여유 있는 삶의 기준이 무엇인가를 파악하고, 위에 제시된 노후 필요자금의 규모에서 더하거나 빼면 어느 정도 윤곽이 잡힐 수 있을 것이다.

그러면 이런 자금을 마련하기 위해서는 매월 어느 정도의 금액을 노후를 위해 투자해야 하는 것일까? 동일한 연구보고서에서는 매월 6%의 수익률을 가정했을 때, 30세의 경우 품위 있는 노후생활을 하려면 97만 원 이상의 금액을 매월 투자해야 하며, 40세의 경우에는

노후 자금 마련을 위한 매월 투자 금액

(단위 : 만 원)

30세의 경우: 2인 가구 – 연간 6% 수익 기대시				
생활 수준	전국	군	시	광역시	서울특별시
평균 수준 노후	40	25	43	44	56
품위 있는 노후	70	47	74	76	97
풍족한 노후	90	62	96	98	124

40세의 경우 : 2인 가구 – 연간 6% 수익 기대시				
생활 수준	전국	군	시	광역시	서울특별시
평균 수준 노후	65	41	70	72	91
품위 있는 노후	114	77	121	124	158
풍족한 노후	147	100	156	160	202

자료 : LG경제연구원

158만 원 이상의 금액을 매월 투자해야 한다고 나와 있다. 현재의 시중 은행 금리가 6%에 못 미치는 점을 감안하면, 단순한 은행 예금을 노후 생활비 마련을 위해 활용하려면 위에 제시된 금액보다 더 많은 금액을 넣어야 한다는 것을 인식해야 한다.

하지만 통계청 자료에 따르면 2006년 기준으로 근로자 가구의 본인 월 평균 소득은 231만 원으로 나타나 있다. 품위 있는 노후, 즉 적당한 문화생활과 건강관리를 위한 삶을 위해서는 서울시에 사는 40세의 가장은 158만 원을 투자해야 하는데, 이는 소득의 70%에 가까운 금액을 노후 준비자금으로 모아야 한다는 것을 의미한다. 가계 지출 비용 중 교육과 주거 관련 비용이, 물가가 비싸다고 하는 일본의 2배나 되는 한국의 현실에서 소득의 70%를 노후 자금을 위해서 모은다는 것은 사실상 어렵다고 봐야 한다. 맞벌이를 해서 소득 수준을 높이는 것도 대안이 될 수도 있지만, 노후의 필요자금은 현재의 생활 수준을 고려하여 계획을 하기 때문에 노후 필요자금은 더 높아진다. 미국의 경제학자인 모딜리아니와 듀젠베리는 이를 상대소득가설(relative income hypothesis)로 설명하고 있다. 소비성향은 절대소득뿐 아니라 타인의 소득과 과거의 최고 소득에도 의존한다는 것이다. 즉, 소비 수준이 과거에 달성한 최고 수준일 때의 생활 습관에서 벗어나기 힘들다는 것이며, 절대소득이 떨어진다고 하더라도 절대소득의 감소분만큼 소비는 줄지 않는다는 것이다.

따라서 본인의 과거 소득에 알맞은 노후생활을 포기하거나, 아니면 투자수익률을 높이는 방법을 생각해야 한다. 확정 금리 상품보다는 주식이나 펀드 등과 같은 지분 변동형 상품이 적당하며, 투자 기간이 길면 길수록, 즉 노후 준비를 일 년이라도 빨리하면 할수록 투자 금액은 상대적으로 적어지게 되는 것을 기억해야 한다.

매년 오르는 임금인상률은 평균적으로 경제성장률만큼 오르게 되는데, 매년 인상되는 물가상승률과 저금리는 회사에서 주는 월급만으로는 점점 더 살기 힘든 여건을 조성하고 있다. 늙어가는 대한민국은 우리 사회 전체의 이슈이지만, 노후 대비는 개인의 중요한 과제이다. 막연하게 돈을 벌어서 노후에 쓴다고 생각하기보다는, 어떤 식으로 준비를 해야 하는지에 대해서 고민을 해야 한다. 정부에 의존하고, 주변 사람들에게 의존한다는 생각보다는 조금 더 능동적으로 노후 대책을 세워야 한다. 시작이 반이라고 한다. 남들보다 조금 더 빨리 준비하는 것만으로도 노후 준비에 있어서 상당한 혜택을 볼 수 있을 것이다.

자산증식의 법칙

❋   재테크를 통해 자산 증식을 원한다면, 목표를 세우고, 시간과 수익률과의 지루한 싸움에서 이겨야 한다. 이것이 중요한 이유는 처음에는 4년 동안 모아질 재산이 2년이면 모아지는 시점이 오기 때문이다. 이러한 법칙은 아래의 두 가지 이론이 뒷받침해주고 있다.

• 72의 법칙

많은 사람들이 아마도 유명한 72의 법칙을 알고 있을 것이다. 72의 법칙이란 수익률과 투자연수를 곱한 수치가 72가 되는 시점이 자산이 2배로 증식되는 시점이라는 것을 알려주는 간단한 계산식이다. 예를 들어 4%의 예금이자로 자산을 2배로 불리려면 18년이 걸리고 (4×18=72), 9%의 수익률로 자산을 2배로 불리기 위해서는 8년이 걸린다는 의미이다(9×8=72). 수익률에 따라서, 그리고 투자 기간에 따라서 자산 증식속도가 달라지는 것을 72의 법칙을 통해서 알 수 있을 것이다.

• 자산증식의 임계점

아직 한국은 중·장기 투자 문화가 정착되어 있지 않았기 때문에, 중·장기 투자에는 익숙지 않은 경우가 많다. 하지만, 본격적인 자산

형성이 되기 위해서는 어느 정도의 투자 기간과 일정 이상의 수익률이 필요하다. 즉, 본격적인 자산형성 시기에 들어서기까지는 상당히 지루한 기간을 거쳐야 하고, 이 기간을 지나고 본격적인 형성 구간에 들어설 경우 자산의 증식속도는 크게 증가하게 된다. 즉 자산이 2배가 되는 기간이 자산형성 대기구간에서 5년이 걸렸다면, 그 다음 자산이 다시 2배가 되는 시기는 자산형성 구간에 들어섰을 경우 5년이 걸리지 않을 정도로 속도가 빨라지게 된다. ✽

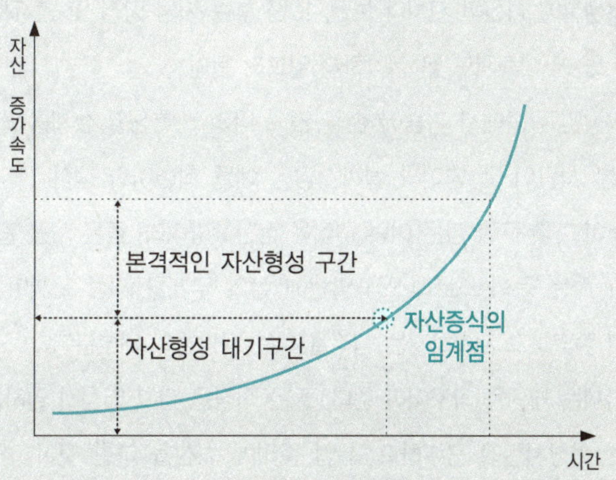

목적을 갖고 돈을 굴려야 한다

✳ 사람들은 나이가 들수록 앞을 내다보는 시야가 점점 좁아진다. 꿈 많은 10대, 20대에는 미래에 대한 부푼 꿈을 그리는 것이 일상생활이다. 어떤 학교를 들어갈 것이며, 어떤 배우자를 만나서 행복한 삶을 살고 싶고, 어떤 직장에서 어느 위치에 있고 싶다는 등의 목표를 설정하고 노력을 한다. 하지만 30대가 되어 결혼을 하고 바쁜 직장생활에 심신이 지치다 보면, 10년 후는 커녕 당장 몇 년 뒤의 나의 모습에 대해서도 잘 생각하지 않으려 한다.

직장인들 중에서 가슴에 손을 얹고 나의 노후생활 설계를 스스로 해 본 사람이 몇 명이나 될까? 당장 애들 학원비와 생활비 지출에 허덕이고, 누구네 집은 이번에 집을 장만했다더라, 좋은 차를 뽑았다더라 하는 등의 스트레스성 발언에 삶의 무게를 새삼 느끼며 목적 없이 절약하고 저축하자는 생각을 하는 사람들이 대부분이다.

이제는 개념을 바꾸어야 한다. 좋은 직장을 잡고 열심히 일하는 이유는 학창시절에 공부하고, 취업 준비에 최선을 다한 것이 아니라, 우리 부모님 세대와는 다른 노후생활을 위한 것이다. 즉, 인생에 있어서 노후생활은 이제까지 연장전의 개념이었지만, 이제는 후반전의 개념임을 인식해야 한다.

들어오는 수입은 뻔한데, 노후 준비를 설계한다고 해서 달라지는

게 뭐 있느냐고 반문하는 사람이 있다면 최근 몇 년간 주식, 펀드, 부동산에 자금을 운용한 사람들을 한번 찾아보라. 자산 증식은 수익률과 시간과의 전쟁이다. 남들보다 조금 더 빨리, 조금 더 높은 수익률을 올리는 것만으로도 20~30년 후의 자산 규모는 적게는 몇 십%에서 많게는 몇 배의 차이를 낼 수 있다.

목적 없이 돈을 모으고, 굴리는 것은 효율적이지 못하다. 내가 몇 년 뒤에 얼마가 필요한지 알아야, 일 년에 적어도 몇 %의 수익을 내야 하며, 몇 년이 걸릴 것이라는 판단을 할 수 있게 되는 것이다. 그런 과정을 거치면서 일부 자산은 공격적인 운용도 해 보는 것이고, 일부 자산은 보험과 같은 보장성 자산에 넣기도 하는 것이다.

오랜만에, 꿈 많던 학창시절처럼 30년 뒤의 노후를 위해 지금부터 미래를 설계해 보는 것은 어떨까? ✳

chapter 2

재테크 하기 전에 꼭 알아야 할 경제학

성공적인 재테크를 위한 경제원리 / 화폐단위 변경 리디노미 네이션, 기회인가? 위험인가? / 재테크의 성공을 결정짓는 중요한 열쇠, 금리 / 재테크 관전 포인트

투자하기 위해서는 자산의 변화를 일으키는 기본적인 경제학 이론을 알고 있어야 한다. 재테크에도 과학적인 원리가 필요한 만큼 투자의 혜안을 넓힐 요소들을 살펴보도록 한다.

성공적인 재테크를 위한 경제원리

|||| 돈의 현재가치와 미래가치는 다르다

내 손 안에 든 한 마리 새와 숲속의 두 마리 새 중에 어떤 것이 가치 있을까? 절대적인 가치로 보았을 때는 숲속에 있는 새 두 마리가 더 가치있을 수 있다. 2는 1보다 큰 숫자라고 알려져 있기 때문이다. 하지만 '시간 가치'라는 변수가 들어가면 얘기는 달라진다. 바로 돈의 현재가치와 미래가치가 달라지기 때문이다. 지금의 10,000원과 미래의 10,000원은 절대적인 수치로는 같은 금액이다. 하지만 엄밀히 표현하면 지금의 10,000원이 더 가치 있는 금액이다.

우선 10,000원을 5%의 금리를 지급하는 은행 예금에 넣었다고 생각해 보자. 그러면 1년 후에 받게 될 금액은 10,500원이 된다. 1년 동안 은행에 돈을 맡긴 대가로 은행으로부터 이자를 500원 더 받았기 때문이다. 따라서 지금의 10,000원은 1년 후의 10,500원과 같다고 생각하면 된다. 반대로 1년 후의 10,000원은 현재의 9,523원이다. 절대적인 금액으로는 현재의 10,000원과 1년 후의 10,000원이 같지만, 엄연히 다르다는 것을 알 수 있다.

복잡하겠지만, 이를 한번 간단하게 수식화해 보자. 10,000원을 현재가치(PV : Present Value)라 하고, 이자(I : Interest)를 5%라고 가정한다면 미래가치(FV : Future Value)는 미래에 받게 될 원금 10,000원(PV)에 원금의 1년치 이자(PV×I)인 500원을 더하면 된다.

미래가치와 현재가치 수식

미래가치 = 투자원금 + (투자원금×이자)

FV = PV + (PV×I)

10,500 = 10,000 + (10,000×0.05)

위의 수식에서는 현재가치(PV)와 이자(I)만 바꾸어 넣는다면, 투자자가 은행의 정기예금에 얼마를 넣게 되면 1년 뒤에 얼마를 받게 되는지 알 수 있다. 100만 원을 5%정기예금에 1년 동안 넣어둘 경우 미래가치는 1,050,000원(세전)이 된다.

본인이 예금을 할 때 미래의 이자가 얼마가 될지를 계산해 보도록 하자.

ㅣㅣㅣㅣ 복리와 단리의 차이점

복리(compound interest)와 단리(simple interest)는 이자가 초기 원금에만 붙느냐의 여부에 따라서 나누어지는 개념이다. 단리는 일반적인 이자 지급 방법으로 10,000원을 5% 정기예금에 2년간 넣어둘 경우 첫째 해와 둘째 해 모두 이자가 각각 500원씩 나오게 되어 2년 후 만기시 원금과 이자를 찾을 경우 11,000원이 된다. 하지만 복리는 첫째 해에 500원이 나오는 것까지는 단리와 같지만, 둘째 해는 10,000원의 5%가 아니라 10,500원의 5%가 이자로 지급되어 525원이 된다. 따라서 2년 후의 복리예금의 만기시 원금과 이자는 11,025원이 된다.

동일한 금액과 이자의 예금에 단리와 복리로 예치시 금액 차이

원금 : 10,000원, 이자 : 5%, 기간 : 2년

단리

1yr : (10,000 X 0.05)=500원

2yr : (10,000 X 0.05)=500원

만기시 찾을 금액 : 원금(10,000원)+이자(500원+500원)=11,000원

복리

1yr : (10,000 X 0.05)=500원

2yr : (10,500 X 0.05)=525원

만기시 찾을 금액 : 원금(10,000원)+이자(500원+525원)=11,025원

즉, 복리는 원금과 이자의 합에 이자가 붙는 방식이며, 단리는 원금에만 이자가 붙는 방식이기 때문에 시간이 흐를수록 효과는 극대화된다. 복리의 위력은 사실상 우리가 피부로 느끼는 것보다 엄청난 효과를 가져오는데 예를 들어 보자. 1600년대 뉴욕의 맨해튼 땅을 24달러에 백인들에게 팔아버린 인디언들은, '어이없는 상거래'의 대표적인 사례로 회자되고 있다. 하지만 과연 그럴까? 이에 대해서 피델리티의 대표적인 펀드였던 마젤란펀드를 운용했던 피터린치는 달리 말하고 있다. "인디언들이 당시에 받은 24달러를 8%의 복리로 투자했다면 30조 달러가 넘는 자산을 보유한 거부가 되었을 것이며, 현재 맨해튼 땅을 몇 개나 되살 수 있는 금액이 되었을 것이다."

다시 한번 복리와 단리를 비교해 보기로 하자.

원금 10,000원을 가지고 5년간 투자시 만기가 되었을 때, 원금과 이자가 가장 많은 경우는?

1) 연 9% 단리 (1년마다 이자 지급)

2) 연 8% 복리 (1년마다 이자 지급)

3) 연 7.8% 복리 (6개월마다 이자 지급)

4) 연 7.8% 복리 (3개월마다 이자 지급)

위의 문제에 대한 정답은 4번 연 7.8% 복리(3개월마다 이자 지급)이다. 절대적인 금리 수치에 익숙한 우리들의 일반적인 상식으로는 연 9%의 단리가 가장 많은 금액을 찾을 수 있을 것이라 생각하겠지만, 결과는 절대적인 금리가 가장 낮은 7.8%의 복리인 것이다. 연 9%의 단리가 만기시 14,500원을 찾는 데 비해 4번의 연 7.8%의 복리(3개월마다 이자 지급)는 14,715원을 찾을 수 있게 된다. 이자를 자주 지급하고 복리 상품일수록 투자 수익은 확연하게 높아진다는 것을 똑똑히 기억하길 바란다.

││││ 물가와 돈 가치의 상관관계

물가와 돈의 가치는 상당히 중요한 개념인데, 많은 사람들이 재무 설계를 하는 데 있어서 자주 망각하는 것 중 하나이다. 이는 물가라는 개념이 상당히 추상적인 개념이고 눈에 보이거나 피부로 느껴지는 것이 아니기 때문이다. 그러나 은행 예금의 비중이 상당히 높은 한국과 일본의 국민들이야말로 물가에 대한 위험성을 잘 파악하고 있어야 한다. 1980년대만 하더라도, 아이스크림이나 과자의 경우 300원짜리 상품이 제일 비싼 상품 중에 하나였다. 하지만 지금은 1,000원짜리는 기본이고 1,500원이 넘는 상품들도 종종 보인다. 협소한 사례이긴 하지만, 단순히 음식료의 물가 상승 부분만 놓고 생각해 보면, 1980년대에 1억 원을 가지고 있었다면, 현재는 5배인 5억 원으로 자산이 늘어나 있어야 한다. 이때 5억 원이란 액수는 부를 늘린 것이 아니고, 1980년대 당시 부의 수준을 유지하고 있다는 의미이다.

다른 예를 들어 보자. 1년 전 쌀의 가격이 5만 원이었다고 가정해 보자. 그런데 현재 마트에 가서 쌀을 사려고 보니 같은 쌀이 10만 원이 되었다. 1년 새 물가가 2배로 뛴 것이다. 1년 전 쌀을 안 사고 저축을 한 A씨의 경우 1년 뒤 연 5% 정기예금을 찾고 보니 수중에 들어온 돈은 52,500원이었다. 1년 전에는 분명히 쌀을 살 수가 있었는데, 현재는 엄두도 못 낼 수준이 된 것이다. 명목상으로는 1년 전의 5만 원에 비해서 자산가치가 2,500원 늘어난 것은 사실인데, 실질적으로는 구매력이 감소한 것이다.

이는 다소 극단적인 사례이긴 하지만, 명목상의 자산 증대와 실질 구매력 감소의 예를 잘 보여주는 사례라 할 수 있다. 재테크를 하는 사람들의 입장에서는 명목상의 자산 증대는 별로 중요하지 않다. 실질 구매력의 증가가 훨씬 더 중요한 부분이다. 재테크를 실컷 잘해서 연 50%의 수익을 올리더라도, 물가가 100% 오르면, 아무 소용이 없기 때문이다.

1년상으로 물가 상승은 사실 체감이 덜 하지만, 기간을 길게 놓고 보면 그 여파는 상당히 크다. 실제로 최근 모 신문의 기사에 따르면 1970년부터 2006년까지 경유의 경우 90배, 등심은 71배, 영화관람료는 63배, 버스요금은 53배가 올랐다. 하지만 안타깝게도 대부분 국민들의 재산은 50배에서 90배가 늘어난 사람은 그리 많지 않다.

더군다나 최근 소비자 물가상승률이 예금금리를 추월하는 현상이 발생하면서 실질소득을 감소시키는 '마이너스 금리' 시대를 맞이하고 있어 그 심각성이 더하고 있다. '마이너스 금리'라는 것은 명목상의 금리를 말하는 것이 아니라 금리에서 세금 및 물가상승률 등을 뺀 것을 의미한다. 따라서 명목상으로 5%의 예금 이자를 받지만, 물가상승률과 세금을 제외했을 때 이자가 모두 없어지고, 원금마저 실질적으로 손실이 나는 상태가 '마이너스 금리'인 것이다.

한국은행이 가중평균 금리를 1996년부터 산정하기 시작하였는데, 1996년 이후 연간 실질금리는 2004년부터, 월간으로는 2003년부터 수신금리에서 물가상승률을 뺀 수치가 마이너스를 기록하는 현상이 나타나기 시작하였다.

연도별 금리와 물가상승률, 실질금리

(단위 : %)

연도	수신금리	물가상승률	실질금리
1996	10.79	5.0	5.79
1997	11.32	4.4	6.92
1998	13.30	7.5	5.80
1999	6.90	0.8	6.10
2000	7.01	2.2	4.81
2001	5.43	4.1	1.33
2002	4.73	2.7	2.03
2003	4.15	3.6	0.55
2004	3.75	3.6	0.15

이렇듯 물가가 상승하거나 저금리 시대에는 확정금리를 지급하는 상품의 매력은 점차 떨어지고, 변동금리 상품과 실물자산의 인기

는 높아진다. 이런 이유는 1년 전에 5만 원이던 쌀이 1년 후에 10만 원이 되었을 때, 투자로 인하여 그 정도의 수익을 내지 못할 바에는 아예 쌀 자체를 사재기해 놓는다는 심리가 생기기 때문이다. 쌀을 사재기해 놓으면 가격 폭등에 따른 자산가치 감소의 위험은 간단하게 벗어날 수 있기 때문이다. 금리 표에서도 보듯이 실질금리는 1996년 이후 꾸준히 하락세를 보이고 있고, 실질적으로 마이너스 금리가 되는 2004년에서 2005년에 우리나라에 펀드 열풍이 불기 시작했다는 것도 눈여겨볼 부분이다. 또한 어느 해보다 높은 물가상승률을 보였던 1970년대 하반기에는 부동산 폭등이 일어났으며 1970년대 말과 1980년대 말에는 미술품 가격이 폭등하는 현상이 있었다. 최근 들어서도 원유, 곡물, 금, 구리 등의 실물자산 가격이 급등하였으며, 부동산과 미술품 또한 가격이 급등한 점을 보면, 물가가 투자자들의 자금 이동을 부추기는 데 얼마나 큰 힘을 가하는지 알 수 있다.

||||| 수익률 착각 현상에서 벗어나자

재테크의 성과를 측정하는 데 있어서 가장 대표적으로 쓰이는 방법이 '수익률 측정' 이다. 수익률의 이면에는 '위험' 이라는 부분을 얼마나 잘 관리했는지도 중요하지만, 위험을 아무리 잘 관리하였어도 수익률이 좋지 않으면 개인적으로도 만족스럽지 못할 것이다. 현재의 소비를 줄이는 대가로 미래의 불확실한 소비의 크기와 맞바꾸는 데 있어서, 더 작은 금액으로 바꾸길 원하는 사람은 아마 아무도 없을 것이다.

일반 투자자에게 수익률에 대한 개념은 단순히 '내가 무엇을 얼마 동안 투자하였을 때 얻게 되는 수익률' 이라고 생각되기 쉽다. 하지만, 수익률의 개념은 조금만 뒤집어 생각해 보면 전혀 다른 결과를 얻을 수 있다. 예를 들어 이해해 보기로 하자.

투자자 A씨는 100만 원을 B펀드에 넣었다. 1년 후의 수익률은 안타깝게도 −50%가 났다. 다음 해인 2년 뒤에는 B펀드가 눈부신 활약을 하여 100%의 수익률을 기록하였다. A씨의 2년간 투자 수익률은 얼마가 될까?

100만 원 투자 →	1년 수익률	2년 수익률	→ 2년간 수익률은?
	− 50%	100%	

기간이 2기간이기 때문에, 눈썰미 좋은 분들은 금방 알 수도 있겠지만, 여기서는 두 가지 방법을 통해서 접근해 보고자 한다.

첫 번째, 우리가 학창시절 가장 많이 사용했던 평균의 개념이다. C라는 학생이 국어 80점, 수학 90점, 영어 60점, 과학 60점을 받았다면, C학생의 전 과목 평균은 72.5가 된다. 각 과목별 획득점수를 합한 다음에 과목수로 나누면 평균 점수가 나온다. 이 방식으로 위의 수익률을 계산하게 되면 25%((−50+100)/2)가 나온다.

두 번째는 다소 생소한 평균 개념이다. 기하평균 수익률
(Geometric mean)이다. 기하평균 수익률은 다소 생소할 수 있지만,
계산을 하면 수익률은 0%($\sqrt{(1-0.5)(1+1)}-1$)가 나온다.

$$\text{산술평균} = \frac{(\text{연간 수익률의 합})}{\text{투자기간}}$$

$$\text{기하평균} = \sqrt[\text{투자기간}]{(\text{최종 투자자금}/\text{최초 투자자금})}-1$$

$$= \sqrt[\text{투자기간}]{(1+1\text{년 수익률})(1+2\text{년 수익률})}-1$$

그렇다면 두 계산법 중 어느 것이 정답일까? 정답은 0%가 맞다.
첫 번째 사용한 일반적인 평균 계산법은 산술평균(arithmetic mean)
이고, 두 번째 평균 계산법은 기하평균(geometric mean)이라 한다.
산술평균은 일상생활에서 가장 널리 쓰이는 평균 계산법이며, 각 기
간을 고려한 수익률이다. 반면에 기하평균은 일상생활에서는 거의
쓰이지 않는 평균 계산법이며 전체 보유 기간에 대한 수익률을 고려
한 것이다. 따라서 위와 같이 첫째 해에 −50%의 수익률을 내고 둘
째 해에 100%의 수익률을 냈을 경우 일반 투자자들이 가장 많이 오
해하는 것 중의 하나가 자신의 투자 원금이 늘어났다고 생각하는 것
이다. 이는 일반적인 평균 계산법에 익숙해져 있기 때문이다. 산술
평균과 기하평균 수익률은 사용 용도에 따라 구분되어 사용해야 하

며, 과거의 평균적인 수익률을 측정하기 위해서는 기하평균 수익률을 사용해야 한다. 용어 자체가 그리 가깝지 않은 산술, 기하 등이 포함되어 있어서 익숙하지는 않지만, 과거 수익률을 계산하는 대표적인 방법들 중 하나이므로 알아두면 도움이 될 것이다.

다른 내용을 한번 보기로 하자. A라는 펀드는 한번 수익률이 나면 50%가 나지만, 한번 깨지면 −50%가 나는 변동성이 심한 펀드이다. B라는 펀드는 변동성이 적어서 한번 수익이 나도 10%밖에 나지 않지만, 반대로 수익률이 안 좋을 때도 −10%에서 그친다. 어떤 펀드에 투자하고 싶은가?

A라는 펀드는 변동성이 크기 때문에 신흥시장의 주식형 상품과 유사하고, B펀드는 주식형 상품에 가깝긴 하지만 변동성이 덜한 선진국 시장의 주식형 상품과 유사하게 생각할 수 있다. 결론적으로 보아 5년간 투자했을 때 투자 수익률은 화끈한 A펀드보다는 비교적 얌전한 B펀드가 더 좋다고 할 수 있다.

100만 원 투자 고려시	A 펀드	1년	2년	3년	4년	5년	최종 금액
		+ 50%	− 50%	+ 50%	− 50%	+ 50%	**84만 원**
	B 펀드	1년	2년	3년	4년	5년	최종 금액
		+ 10%	− 10%	+ 10%	− 10%	+ 10%	**107만 원**

변동성이 큰 투자상품이 수익을 낼 때는 화끈하게 내지만, 반대로 깨질 때도 화끈하게 깨진다. 투자자들의 대부분은 이를 어느 정

도 인지하고 있지만, 본인에게는 해당되지 않을 것이라고 판단하는 경향이 강하다. 이를 '도박사의 오류(the gambler's fallacy)'라고 한다. 도박사의 오류란, 도박사가 엄청난 돈을 잃고 나면 '이쯤 잃었으면 이제 벌겠지'라고 생각하는 것을 의미한다. 매주 로또 복권을 사는데, 동일한 번호로 계속 밀고 가는 것이 아니라 전 주에 사용했던 번호는 안 된 번호이기 때문에 다른 번호를 선택하는 것도 이런 맥락 중 하나이다. 하지만 확률의 세계에서는 엄격하게도 각개의 사건(event)이 독립적이다. 즉, 과거의 어떤 결과는 지금의 사건과는 전혀 관계가 없는 사건이라는 것이다. 작년에 투자한 펀드가 성과가 좋다고 해서 금년에도 좋으라는 법은 없다. 다만 금융시장의 특성상 추세라는 부분을 무시할 수 없지만, 금융시장 역시 과하면 약한 것만 못한 경우가 생긴다. 따라서 투자에 있어서는 본인이 특정 분야의 탁월한 전문가가 아닌 이상 대박의 환상을 노리기보다는 꾸준한 수익을 내는 투자를 지향해야 한다.

전문가들이 상품을 추천할 때 1등 상품보다 꾸준히 상위 20~30% 안에 드는 상품을 추천하는 이유도 바로 이런 맥락에서다. 변동성이 큰 상품은 변동성이 작은 상품보다 단기적으로 보았을 때는 성과가 좋아 보일 수 있지만, 장기적으로 보면 성과가 좋지 않은 경우가 많다. 실제로 최근 몇 년간 한국종합주가지수(KOSPI)의 평균 수익률은 글로벌 주가지수보다 높지만, 실제로 투자한 결과를 놓고 보면 평균 수익률이 상대적으로 낮은 글로벌 주가지수에 투자하였을 때가 더 높은 수익을 실현한 것으로 나타난다. 이는 한국종합주가

지수(KOSPI)가 높은 수익률을 달성할 때도 있었지만, 반대로 음(-)의 수익률을 기록하기도 했기 때문이다.

||||| 효율적 자산관리를 위한 기대수익률

운용 자산의 기대수익률을 구하는 것은 굉장히 어려운 일이다. 미래의 자산 가격의 가치를 측정하는 것이 사실상 불가능하기 때문이다. 일반적으로 과거 몇 년간의 실현된 수익률 데이터나 시장 전망의 확률 분포 등을 통해서 미래 수익률을 추측하는 방법을 쓰고 있다. 기대수익률(expected return)이란 현재 투자를 실행하였을 때 미래에 예상되는 수익률을 의미한다. 이런 기대수익률을 구하는 대상에는 금리가 확정되어 있는 예금이나 채권 등과 같은 상품들부터 경제 상황에 따라 자산가치가 변동되는 주식, 펀드 등과 같은 상품들까지 포함된다.

예를 들어 살펴보기로 하자. 10,000원을 연 5%인 은행의 정기예금에 투자했을 때 1년 뒤 내 자산의 기대수익률은 10,500원이다. 운용 대상 자산이 하나일 경우는 단순히 전체 원금에 기대되는 이자(수익)를 더하면 된다. 하지만, 자산이 여러 가지일 경우에는 계산 방식이 조금 복잡해진다.

이번에는 10,000원을 가지고 연 5%인 정기예금과 연 10%가 기대되는 펀드에 투자를 했다고 가정해 보자. 정기예금에는 6,000원을 예금하였고, 펀드에는 4,000원을 투자하였다.

이 경우 기대수익은 몇 %가 될까? 실제로 이런 비슷한 문제를 필자의 강의를 듣는 수강생들에게 주었을 때 의외로 많은 수강생들이 5%+10%=15%라고 대답했다. 그러나 답은 7%이다.

정기예금의 기대수익률은 전체 자산 중에서 정기예금에 투자된 비율 60%에 기대수익률 5%를 곱한 수익률이 되고, 펀드의 기대수익률 역시 전체 자산 중에서 펀드에 투자된 비율인 40%에 기대수익률인 10%를 곱한 수익률이 된다. 이를 산식으로 표현하면 (0.6 × 0.05)+(0.4 × 0.10)=0.07(=7%) 이다.

포트폴리오의 기대수익률

= (A자산의 투자비중 × A자산의 기대수익률) + (B자산의 투자비중

　　× B자산의 기대수익률)

※ 각각의 투자비중의 합은 100%

세 가지 이상의 자산이 포함되어 있는 포트폴리오의 기대수익률 역시 동일한 방법으로 구하면 된다. 하지만 기대수익률을 산정하는 데 있어서 가장 중요한 것은 무엇보다도 개별 자산의 기대수익률을 구하는 것이다. 개별 자산의 기대수익률은 확정금리 상품의 경우에는 제시수익률(금리)이 기대수익률과 동일할 수 있으나, 자산가치가

변동되는 상품의 경우 기대수익률을 터무니없이 높거나 낮게 잡으면 포트폴리오의 기대수익률 자체가 의미 없는 정보가 되어 버릴 가능성이 크다는 점을 인식해야 한다.

기대수익률은 사실 측정이 불가능하다는 것이 정답이나 효율적으로 가계 자산을 관리한다는 차원에서 기대수익률을 근거로 한 목표수익률과 손실/위험 한도를 사전에 설정하는 것이 좋다. 일 년에 어느 정도의 수익률을 달성해야 본인의 재무 목표에 근접하는지, 그리고 그 수익률을 달성하기 위해서는 위험 자산과 무위험 자산의 배분을 어떻게 해야 하는지 설정할 수 있다. 단순히 고수익을 추구하여, '높은 수익률일수록 좋다' 라는 식의 접근은 좋지 않다.

다시 말하면, 기대수익률의 개념은 실제로 내가 투자한 자산들의 수익률이 그렇게 될 것이라고 보는 측면도 일부 있지만, 그것보다는 자산들의 합인 포트폴리오를 효율적으로 관리하기 위해 알아두어야 할 기본 상식이다. 미래를 예측하기 보다는 현재를 관리하기 위한 개념으로 접근하기를 권한다.

화폐단위 변경 리디노미네이션, 기회인가? 위험인가?

최근 들어 '디노미네이션' 이라는 단어가 심심찮게 등장하고 있다. 디노미네이션(denomination)은 사전상의 뜻으로 "화폐나 증권 등의 액면금액"을 의미한다. 최근의 디노미네이션의 언급은 정확한 의미로 리디노미네이션(re-denomination)을 뜻하는 것으로써 화폐의 실질가치에는 변경이 없지만, 액면금액(화폐의 호칭)을 변경하는 것을 의미한다.

따라서 리디노미네이션은 화폐의 가치변동은 없으면서 화폐들(은행권이나 지폐 등)의 표면에 써 있는 숫자(액면)를 동일한 비율로 낮추거나, 화폐의 호칭을 변환하는 것이다. 예를 들어 10,000원 권 지폐의 숫자는 100원으로 낮추되, 100원으로 살 수 있는 물건이나 서비스의 질은 10,000원으로 살 때와 동일하게 유지하게끔 가치 변동을 수반하지 않는 것이다. 또한 과거에 화폐 단위였던 '환' 에서 현재

쓰이는 '원'으로 화폐의 호칭을 변환하는 것도 리디노미네이션의 일종으로 볼 수 있다. '리디노미네이션'이라는 용어가 어려워서 생소할 수 있지만, 쉽게 말하면 '액면가 조정'의 개념으로 보면 된다.

|||| 리디노미네이션을 언급하는 이유

리디노미네이션에 관한 언급은 사실 노무현 정권의 인수위원회 시절부터 언론을 통해 노출되기 시작하여 각계 각층의 의견적 대립을 낳기도 했다. 현재까지 시행 시기는 확정되지 않은 상태이지만, 그에 대한 필요성은 사실 정부나 많은 경제 전문가들이 공감을 하고 있다. 다만 시행 시기 등의 문제가 아직 해결되지 않고 있을 뿐이다.

한국은행에서 2000년대 들어서 고려하고 있는 화폐제도 개선안은 크게 세 가지로 나누어 볼 수 있는데, 첫 번째가 위조지폐 방지를 위한 화폐교체, 두 번째는 십만 원권과 같은 고액권의 발행, 그리고 마지막이 리디노미네이션이었다. 이 중에서 경제 및 사회적으로 파급효과가 가장 큰 제도 개선안이 리디노미네이션이다.

한국은행에서 초기에 리디노미네이션을 검토한 이유는 거래와 장부상의 편리함과 원화(KRW)의 대외적 위상을 높이며, 지하에 숨어 있는 자금들의 양성화 촉진 가능성 등 때문이었다.

리디노미네이션의 쟁점

한국은행	쟁점	재정경제부
• 선진국으로 가기 위해 반드시 필요하다.	리디노미네이션 필요성	• 필요성은 있지만 지금은 때가 아니다.
• 유로 도입에서 보듯 물가 상승은 없거나 적다.	물가 상승 우려	• 우수리를 떼는 등으로 물가 상승 우려가 있다.
• 무기명, 무기한, 무제한 교환으로 해결이 가능하다.	심리적 거부감	• 돈의 출처를 묻지 않는다 해도 노출을 꺼리는 돈이 많다.
• 현금입출금기, 회계 소프트웨어 교체 등으로 경기부양 효과가 있다.	경기부양 효과	• 부유층의 소비 감소로 오히려 경기가 위축된다.
• 2008년 9월 시행을 위해 올해 연말까지 의견을 모아야 한다.	공론화 시기	• 경기가 회복되면 그때 가서 공론화해도 된다.

쉽게 살펴보도록 하자. 현재 미국 1달러를 한국 원화로 교환하면 900원대의 금액을 지불해야 한다. 즉, 1이라는 숫자와 1,000에 가까운 숫자가 국가 간의 화폐 교환비율인 환율이 되는 것이다. 이는 원화가 달러에 비해 '싸구려' 라는 이미지를 줄 수 있다.

다음은 경제 효율성상의 문제이다. 경제가 지속적으로 성장하고 있는 한 '물가 상승' 이라는 복병은 끊임없이 따라다니게 되어 있다. 물가가 상승되면 물품을 사고팔 때의 거래 금액이 지속적으로 커진다는 것을 의미한다. 이런 현상이 지속되면, 회계상의 장부기재나 지급 결제 등에서 추가적인 비용이 생긴다. 또한 계산상의 문제도 복잡하다. 1원의 100배는 100원이라는 것은 쉽게 계산할 수 있다. 하지만 1,000,000원의 100배를 계산하라고 하면 1억 원이라는 숫자가 쉽게 나오질 않는다. 이뿐 아니라, 1원의 단위는 사실상 유통되지 않는 금액이다. 명목상으로만 존재하는 돈이라는 뜻이다. 대부분의 공공기관이나 기업에서 원단위는 절사하는 형태를 취하고 있다. 이동통신요금이 50,853원이 나왔다면, 3원은 사실상 이동통신사에서도 받지 않는 돈이고, 소비자도 내지 않는 경제상의 비효율적 금액으로 묻혀 버리지만, 리디노미네이션이 시행될 경우 이런 비효율성도 제거할 수 있다는 것이다.

리디노미네이션은 한국에서 과거 두 차례 시행된 적이 있었다. 첫 번째 1953년의 경우는 한국전쟁의 막대한 전쟁비용 지출로 인한 인플레이션과 체납 국세, 연체 대출금 등의 회수 목적으로 대통령 긴급명령에 의해 실시되었다. 주요 내용은 '원' 화를 '환' 화로 바꾸고, 100원을 1환으로 바꾸는 것이었다. 결과적으로는 물가 상승세가 다소 누그러지기는 했으나, 전쟁중인 관계로 재정금융의 긴축 효과가 크지 않아 통화가 다시 팽창되어 과잉 구매력 흡수라는 소기의 목적 달성에 만족스런 결과는 아니었다.

두 번째는 1962년에 단행되었는데, 과잉된 통화를 흡수하고, 지하자금을 양성화하는 등의 과정을 통해서 경제개발 계획에 필요한 자금을 마련하려고 하였다. 주요 내용은 통화 단위를 10분의 1로 절하하고, '환' 화에서 '원' 화로 변경함과 동시에 모든 자연인, 법인 및 임의 단체가 보유한 '환' 화와 어음, 수표 등 각종 지급 수단을 금융기관에 예입하도록 하는 것이었다. 이에 따라서 1953년의 1천원은 10환이 되었고, 1962년이 되어서 10환은 다시 1원이 된 것이다.

1962년의 리디노미네이션의 시행으로 돈 있는 사람들은 앞으로의 변화에 대한 막연한 두려움을 가지게 되었고, 모든 거래는 중단되었으며 영세민들의 경우에는 막힌 상거래 때문에 심리적인 불안감이 상당했다고 한다. 결과적으로는 과잉통화의 흡수와 퇴장자금의 양성화 등 당초 목적을 이루기보다는 사회·경제적인 부작용이 더 큰 사례로 남게 되었다.

리디노미네이션은 경제 전반적으로 파급 효과가 클 것으로 예상된다. 가장 대표적인 현상이 소비 주체들이 화폐 환상(money illusion)에 빠지는 것이다. 소비 주체들은 화폐 환상 혹은 화폐 착각에 빠질 경우 화폐의 표면상의 가치에 의존하여 경제 행동을 한다.

이는 사실 주식시장에서 종종 일어나는 현상 중에 하나이다. 주식의 액면분할이 대표적인 예이다. 액면분할이란, 기업에 돈의 입출금이 없음에도 불구하고 기존의 주식을 분할하여 발행주식의 총수량을 늘리는 것이다. 액면가가 5,000원짜리 주식 1주를 500원짜리 10주로 나눌 경우, 기존의 주가가 10,000원이었다면 1,000원이 되는 것이다.

이 경우 10,000원 하던 주식이 1,000원이 되므로 투자자 입장에서는 상대적으로 주식이 매우 싸게 느껴져 사려고 하게 된다. 부동산의 경우도 5억 원짜리 아파트는 비싸 보이지만, 이를 리디노미네이션을 통해서 500만 원이 될 경우 상대적으로 아파트 가격이 저렴해 보이는 현상이 발생한다. 또한 5억 원짜리 아파트가 7억 원이 되기는 쉽지 않지만, 500만 원 하는 아파트가 700만 원으로 되는 것은 상대적으로 쉬우며, 주식 역시 10,000원 하는 주식이 15,000원이 되는 것보다는 1,000원 하는 주식이 1,500원이 되는 것이 더 쉽게 느껴지는 것이다.

이런 현상이 투자자 혹은 소비자들이 느끼는 화폐 환상이다.

화폐단위 변경의 장·단점

장 점	단 점
• 거래와 회계 장부의 기록이 간편해짐 • 통화의 대외적 위상 향상 • 인플레이션 기대 심리가 억제됨 • 지하 퇴장 자금의 양성화 촉진 가능	• 새로운 화폐 제조와 컴퓨터 시스템, 자동판매기, 장부 전표 변경에 비용 소요 • 물가 상승 가능성 • 심리적 불안감 및 저항감 초래

다음으로는 물가 상승의 문제이다. 물가 상승 문제도 소비자의 화폐 환상에 연관되어 있기도 하다. 100대 1의 리디노미네이션이 시행될 경우, 기존에 1만 원 하던 물건이 100원으로 되어 상대적으로 싸보여서 수요가 늘어나게 된다. 공급은 일정하거나 점진적으로 늘어나고 있는데 수요가 급격하게 늘어날 경우, 이는 물가 상승으로 이어진다. 이뿐 아니라 1만 550원짜리 물건은 100대 1의 리디노미네이션을 거치면 105.5원이 되는데, 물건을 파는 사람 입장에서는 105.5원을 106원에 팔려고 하게 되고, 소비자 역시 기존의 화폐 단위에 익숙해져 있어서 105.5원과 106원의 차이를 크게 못 느끼므로

구매를 하게 된다. 이 경우에도 직접적으로 물가를 상승시키는 영향을 준다.

| | | | 리디노미네이션 실시 여부에 따라 변화하는 자산관리

리디노미네이션이 실시되면 개인의 경우 자산의 일정부분을 주식이나 부동산 등으로 투자하는 것이 좋은 대안이 될 수도 있다. 앞에서 언급한 바와 같이 화폐 환상과 물가 측면의 변수로 인하여 상대적으로 직접 현금을 보유하는 것보다 더 나은 전략이 될 수 있기 때문이다. 주식, 부동산 이외에도 금과 같은 실물자산을 보유하는 것도 좋은 방법이다. 화폐변화 시기나 물가변동 시기에는 실물자산을 보유하는 것이 화폐변화와 물가변동에 따른 실질자산 감소 등의 효과를 피할 수 있는 전략 중 하나이기 때문이다. 금과 같은 경우는 과거부터 경제 및 정치 불안감이 고조될 때마다 수요가 증가하는 대표적인 실물자산 중 하나이기도 하였다.

유명 경제학자인 케인즈는 '일반이론'에서 화폐 환각이 생길 경우 노동자는 화폐임금의 인하에는 반대하지만, 실질임금의 절하에는 별 반응을 보이지 않는다고 말하였다. 명목적인 임금이 300만 원에서 200만 원으로 떨어지는 것에는 민감하게 반응하며 반대를 하지만, 명목적인 금액인 300만 원이 유지되지만, 물가상승률 등을 감안한 실질임금이 200만 원으로 떨어지는 것은 미처 생각을 못하여 반대가 적다는 것을 지적한 말이다.

1960년 프랑스의 드골 정부의 리디노미네이션 사례는 대표적인 성공사례로 꼽히고 있다. 한국의 경우 어떠한 파장이 있을지, 또는 시행 여부조차 아직은 불확실하지만, 개인의 자산관리에는 직접적으로나 간접적으로나 어떠한 영향을 줄 것이라 생각된다. 경제의 변화는 한쪽 면에는 위험이 있을 수 있지만, 다른 면에는 기회가 숨어 있다는 사실을 되짚어봐야 한다. 이번 기회에 리디노미네이션에 대해 곰곰이 생각해 보는 것은 어떨까 한다.

03

재테크의 성공을 결정짓는 중요한 열쇠, 금리

금리는 일상생활에서 많이 접하는 경제용어 중에 하나이다. 금리의 사전상 의미는 "빌려준 돈이나 예금 따위에 붙는 이자"라고 한다. 이를 조금 더 쉽게 표현하자면, "금리는 돈의 가격(가치)"을 말한다. 사물의 가치는 대부분 경제의 희소성의 법칙에 의거하여 가격이 결정된다. 전 국민의 관심사인 부동산 가격도 사려는 사람(수요)에 비해 팔려는 사람이나 공급 물량이 적을 경우 가격이 올라가게 되어 있으며, 주식도 사려는 사람이 팔려는 사람보다 많을 경우 가격이 올라가게 되어 있다. 금리가 올라간다는 것은 돈을 필요로 하는 사람이 많다는 것을 의미한다. 돈을 필요로 하는 사람이 많으므로 희소성이 부각되기 때문에 돈의 가치(금리)는 올라가게 되는 것이다.

예를 들어 A라는 은행에 10억 원이 있다고 가정해 보자. 1년 전에는 대출을 받으려는 사람이 10명뿐이어서 1억씩 5%에 대출을 해

주면 은행측에서는 5%의 수익을 낼 수 있었다. 하지만 경기가 좋아져서 대출을 받으려는 사람이 20명으로 늘어나게 되었다. 은행이 가진 돈은 10억 원이 전부이기 때문에 은행 입장에서는 예금을 더 끌어와서 20억 원으로 규모를 늘리든지, 아니면 20명 중 일부에게만 대출을 해 주어야 한다. 예금을 더 끌어올 경우 현재 주는 예금 금리보다 더 높은 금리를 제시해야 추가적으로 돈이 들어오며, 당연히 더 높은 금리를 제시하여 끌어온 예금을 다른 사람에게 대출할 때는 높은 금리를 받게 된다. 다른 방법으로 20명 중 일부에게만 10억 원을 가지고 대출을 해 준다면, 은행측에서는 작년의 5%보다 더 높은 금리로 빌려갈 수 있는 능력이 되는 사람에게만 빌려줘도 된다고 생각할 것이다. 어떤 방법이든 간에 돈이 필요한 사람(수요자)이 늘어나게 되면 금리는 자연스럽게 올라간다.

　지금까지 설명한 내용은 금리를 이해하기 쉽도록 설명한 글이다. 실질상으로는 수요-공급에 의해서 금리가 결정되기도 하지만, 한 국가의 금리 결정을 자유로운 수요-공급에만 완전하게 맡겨 두면 금리가 비이성적으로 높게 책정되거나, 급격하게 낮아지는 등 금리의 변동성이 커지게 되어 경기에 악영향을 줄 수 있는 여지가 충분히 있기 때문에 정부나 중앙은행이 개입을 하는 경우가 대부분이다. 금리가 자유롭게 수요-공급에 의해서만 결정되는 구조로 되었을 때를 생각해 보자.
　경기가 침체되어 있는데 일부 비이성적인 수요-공급에 의해서 금리가 너무 높게 형성되면 기업의 입장에서는 돈을 빌려다 투자를 하는 데 부담을 느끼게 되고, 소비 수요 역시 줄어들게 되어 경기를 더 악화시킬 수 있는 여지가 있다. 반대로 경기가 과열되어 있을 때 금리가 비이성적인 수요-공급에 의해서 너무 낮게 형성된다면 여기저기서 낮은 금리의 돈을 끌어다가 투자를 하고 소비를 하게 되어 경기를 더욱 과열시키는 부작용을 낳게 된다. 또한 이런 과정들을 거치면서 금리의 변동폭이 너무 커지게 되므로 기업이나 가계의 입장에서는 자금운용 계획을 세우는 데 있어서 상당한 불안감을 가지게 되고, 의사결정에도 어려움을 주게 되며, 투자 의욕을 저하시키는 결과를 초래할 수도 있다. 따라서 이런 중요한 국가의 금리 부분에 있어서는 정부나 중앙은행이 경기동향이나 경제실정에 맞추어 금리를 아래 그래프처럼 적절하게 조절하는 형태를 취하고 있는 것이다.

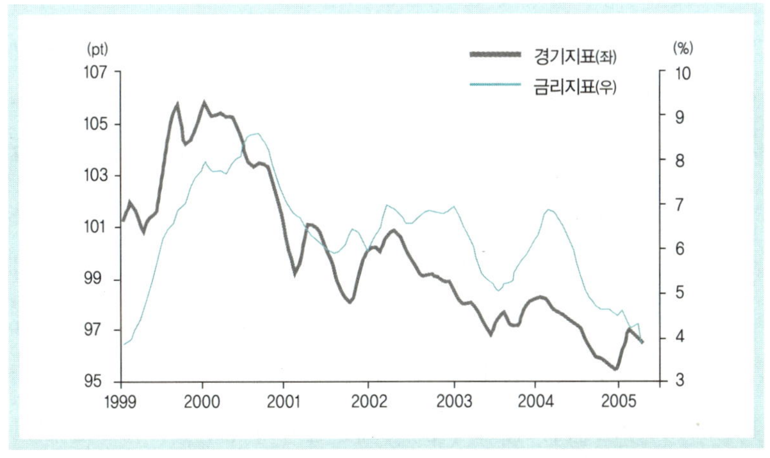

금리와 물가는 밀접한 관계가 있다. 국가의 중앙은행의 가장 큰 역할 중 하나는 물가 수준을 적정 수준으로 유지하거나 조절하는 것이다. 한국의 부동산시장이 높은 가격 상승으로 인하여 전 국민의 화젯거리가 되고 있지만, 세계 대부분의 국가들도 부동산 가격이 꽤 큰 폭으로 올랐으며, 특히 몇몇 국가의 경우 한국 부동산시장보다 더 높은 가격 상승을 보이고 있다.

이런 현상을 설명하는 이유는 여러 가지가 있는데, 여기서는 금리와 물가 부분으로만 이야기해 보면, 최근 세계 각국들의 금리 수준이 다른 시기에 비해서 낮게 나타나고 있다. 금리 수준이 낮은 데는 국가의 경제 측면의 이야기로 풀어볼 수 있다. 하지만 물가를 연관지어 설명해 보면, 중국과 인도 같은 아시아 신흥국가들의 값싼 노동력을 바탕으로 생산된 저렴한 제품들이 선진국 시장에 수출되면서, 해당 제품의 수입 국가들의 물가가 상당 부분 안정화되고 있다는 것이다. 국가 중앙은행의 입장에서는 물가가 오르지 않는데 굳이 금리를 올릴 필요성을 느끼지 못할 수 있다. 금리를 올린다는 것은 투자 위축과 소비 감소를 가져와 경기를 침체시킬 수 있기 때문이다. 따라서 가격이 싼 제품들의 수입으로 인하여 물가는 안정되고, 국가에서는 물가 안정을 이유로 들어 금리를 현 상태로 유지하거나 소폭 상승 정도로만 그치는 경우가 발생하게 된다. 따라서 주택 수요자들은 낮은 금리로 돈을 대출받아서 집을 사려고 하게 되고, 부동산시장은 가격 상승을 하게 된다는 시나리오도 설명이 일정 부분 가능한 것이다.

금리가 물가하고만 연관지어 생각하면 좁게 보일지 모르지만 위의 사례처럼 부동산이나 기타 자산을 연관지어 생각하면 경제에 미치는 금리의 영향이 상당하다는 것을 알 수 있다.

일반적으로 경기가 좋아지면 물가는 상승하게 된다. 경기가 좋아지게 되면 소비 지출이 증가하는데, 물건의 공급은 일정한데 수요만 늘어나는 형태가 되므로 물건의 가격은 수요-공급의 법칙에 의해 올라가게 된다. 이처럼 물가가 상승하면 정부는 물가를 안정시키기 위해 금융긴축을 실시하게 되는데, 이런 금융긴축 방법 중 대표적인 것이 금리 인상이다.

물가가 상승하면 할수록 동일한 물건을 살 때 더 많은 자금이 필요하게 되므로 자금의 수요는 자연스럽게 증가하게 되고, 자금의 수요가 늘어나 공급이 이에 따라가지 못하면 금융기관은 금리를 인상하게 된다. 금리가 올라가면 기업들은 돈을 빌릴 때 예전보다 더 많은 이자 비용을 지출해야 하므로 신규 투자를 망설이게 되고, 이는 생산량이 늘어나지 않는 것을 의미한다. 따라서 금리가 인상되고 물건 공급이 원활하지 않으면 소비자들은 지출을 줄이고 금리가 높은 은행에 저축을 하게 된다. 소비자들이 지출을 줄이고 가계자금을 저축하게 되면 다시금 물가는 떨어지게 되고, 이는 금리 하락으로 이어진다.

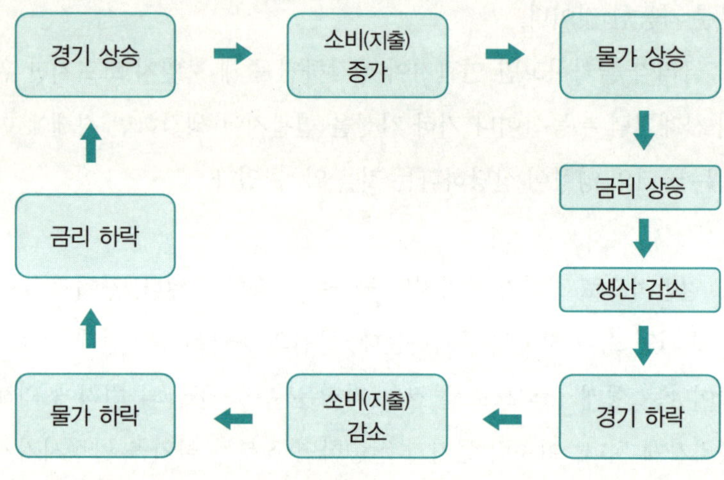

| | | | | 금리가 주가에 미치는 영향

금리와 주가와의 관계는 일반인들도 추상적으로나마 반대로 움직일 것이라고 생각하고 있다. 경제신문이나 경제뉴스에서 "금리 인상은 주가에 부정적"이라는 내용을 많이 접했기 때문이다.

금리와 주가와의 관계를 설명하는 데 있어, 우선 투자자의 입장에서 생각해 보자. 자산설계나 재무설계를 하는 사람 입장에서는 고정금리를 지급하는 예금이나 채권과 같은 상품들의 비중과, 변동금리라서 원금 손실의 우려가 있지만 고정금리보다 더 높은 수익률을 가져다줄 수 있는 펀드나 주식 등과 같은 상품들의 비중을 조절하는 것에 많은 고민을 하고 있다. 따라서 금리는 이런 고정금리 상품과 변동금리 상품의 비중을 조절하는 데 중요한 영향을 미친다. 은행 금리로 20%를 지급한다고 가정하면 대부분의 사람들은 은행 예금에 100%에 가까운 자산 비중을 유지할 것이고, 은행 금리가 1%라면 많은 사람들이 저금리에 만족하지 못하여 변동금리 상품의 비중을 늘리게 될 것이다. 이는 개인에게만 해당되는 내용이 아니다. 연금을 운용하는 단체나 보험사, 은행 등도 가입자의 돈을 받아 일정 이상의 수익을 내야만 기업에 이익을 가져다주기 때문에 이런 자금들 역시 항상 더 높은 이익을 찾게 된다.

가까운 실례로, 1998년 초에 금리가 30%에 가깝게 오르자 투신사의 공사채형 수익증권으로 100조 원의 자금이 몰렸지만, 98년 10월에 금리가 10%로 떨어지면서 다시 자금들이 주식시장으로 몰리게 되어 주가가 오르는 기폭제로 작용한 사례가 있었다.

다음은 금리와 기업의 관계이다. 금리가 하락할 경우 기업이 부담하는 대출금에 대한 이자가 줄어드는 것을 의미한다. 따라서 이자 비용이 줄어들면 기업의 실적은 상대적으로 좋아진다. 이뿐 아니라 금리가 낮은 시기에는 낮은 이자 비용으로 신규 대출을 통하여 공장을 짓고, 기계 등을 사들이는 설비 투자를 확대할 수 있다. 이는 생산량의 증가로 연결되어 기업의 입장에서는 예전보다 싼 비용을 들이고도 더 높은 생산을 얻게 되어 기업의 실적에 긍정적인 영향을 줄 수 있는 가능성을 열어주게 되는 것이다. 즉, 금리가 낮아지면, 기업의 실적에 긍정적으로 작용하여 주가의 상승에 힘을 실어주는 형태가 된다. 또한 낮은 금리에 만족하지 못한 개인들이 확정금리 상품에서 주식시장으로 자금을 이동할 가능성이 크기 때문에 주가에 긍정적인 영향을 줄 수 있다.

마지막으로는 미래 수익가치 현재 할인법(DCF : Discounted Cash Flow)에 따른 금리가 주가에 미치는 영향이다. 이 모형은 경상계열 전공자들이 배우는 수준의 내용이긴 하지만 알아두면 도움이 될 만한 내용이기 때문에 설명을 하고자 한다.

주식에 투자하는 것은 기업을 사고파는 행동을 하는 것이다. 기업의 경기가 매우 좋아서 나에게 수익을 많이 줄 것이라고 판단되면 기업을 사려는 사람이 많아질 것이고, 따라서 수요가 늘어나게 되므로 자연히 주가는 오르게 될 것이다. 하지만 기업을 사고팔 때, 이에 대한 적정가치를 알아야 이 기업의 현재 주가가 비싼 것인지 싼 것인지를 알 수 있다. 이런 적정가치는 투자자가 기업에 투자했을 때 얻게 되는 이익의 총합을 계산하면 알 수 있다.

A라는 투자자가 B라는 기업의 주식에 투자를 하였을 때 얻게 되는 이익은 무엇일까? 그 이익으로는 배당금과 주가 상승에 따른 자본이득을 생각할 수 있다. A투자자가 B기업의 주식을 팔지 않고 장기 투자를 한다고 가정하였을 때 얻을 수 있는 이익은 보유 기간 동안의 배당금의 합이다. 예를 들어 이해해 보자. B기업의 주가는 10,000원이고 내년 예상 배당금은 1,000원이다. 현재 내가 B기업의

주식을 사게 된다면 10,000원이 들고, 내년에 배당금으로 1,000원을 받게 된다. 따라서 사실상 내가 10,000원을 투자해서 1년간 보유 시 얻는 투자 수익은 10%(1,000원)가 되는 셈이다.

하지만 내년에 받게 되는 1,000원은 금년의 1,000원과 같은 금액이 아니다. 현재의 금리가 5%라 가정하면, 금년의 952원과 내년의 1,000원은 같은 금액이다. 즉, 952원을 5%의 금리로 은행에 1년 예금하였을 때, 1년 뒤에 1,000원이 되는 것이다. 반대로, 금리가 1%라 가정하면, 현재의 990원과 내년의 1,000원이 같게 된다. 즉, 금리가 높을 경우(5%) 미래의 배당 예상 금액이 현재는 낮게 나와서 주가가 낮은 가격으로 형성되며, 반대로 금리가 낮을 경우(1%) 미래의 배당 예상 금액이 현재는 높게 나와서 주가가 높은 가격으로 형성되는 것이다. 투자자산의 적정 가격은 그 투자 행위로 인해서 얻을 수 있는 미래의 모든 현금 유입을 현재 가격으로 할인(discount)하여 모두 합한 가격을 뜻하며, 이 할인하는 도구가 금리가 되므로 금리가 높으면 할인율이 높아져 주가는 낮게 나오고, 금리가 낮으면 할인율이 낮아져 주가는 반대로 높게 형성되는 것이다.

경제변화에 영향을 주는 환율, 금리, 원자재에 촉각을 세우자

✳ A라는 국가가 있다. A국가의 경제는 최근 경제활동이 약해지고 일자리가 줄어들어 수요가 약해지는 경기 하락의 모습을 보이려고 하고 있다. 이에 A국가는 통화량을 늘리거나(금리를 낮추거나) 정부의 지출을 늘려서 수요 측면에 충격을 주어 경기를 회복시키는 정책을 택할 수 있다(정부의 지출 증가는 소득이전의 효과를 나타내어 개별 경제주체들의 구매 능력을 키워서 수요를 회복시킬 수 있다). 이런 정책이 바로 통화정책과 재정정책이다.

A국가가 통화량을 늘려 시중에 자금 유동성을 키운다고 가정해보자. 화폐를 발행하여 통화량을 늘리면(금리를 낮추고) 기업의 입장에서는 기업을 경영하는 데 필요한 자금을 낮은 금리에 조달할 수 있기 때문에, 기업의 이익을 늘릴 수 있는 기회를 가지게 된다. 그리고 기업의 이익이 증가하면 가계의 가처분 소득이 증가하게 된다. 하지만 단순히 여기에서 그치지 않고, 늘어난 통화량은 주식시장과 부동산시장과 같은 자산시장에 유입되어 자산 가격들을 올리게 되고, 개인이나 기업들이 늘어난 부의 증가로 인하여 추가적인 소비를 일으킬 수 있다.

여기까지 오면 A국가의 경제는 다시 살아나게 된 것일까? 단기적으로는 성공한 것처럼 보인다. 하지만 이젠 타국과의 관계, 즉 A국가를 둘러싼 국제 경제를 점검해 봐야 한다. A국가를 둘러싼 국제 경제 환경 중에서 최근처럼 금·원유·구리 등의 원자재 가격이 급등하는 환경이라면, A국가는 인플레이션 위험(물가가 상승할 위험)에 처해 있다. 그리고 A국가는 통화를 늘리면서 정부의 부채가 늘어나 있는 상태에다가 국제 무역수지마저 적자인 상태이다. 통화량 증가, 기업의 이익 증가, 자산 가격의 증가로 인하여 A국가 경제주체들이 늘어난 부로 수출보다 수입(소비)을 더 많이 했기 때문이다.

이런 국제 환경에 접한다면, A국가는 이제 통화량 증가를 위해 생긴 정부의 부채를 줄이고, 금리를 높여서 인플레이션 위험에 대응해야 하며, A국 통화의 가치를 하락시켜서 수출을 증진시켜 무역적자를 해소해야 한다. 하지만 이는 결코 쉬운 일이 아니다. 정부의 부채를 줄이고 자산가격을 안정시키고 금리를 높이게 된다면, 경기가 후퇴할 가능성이 생기기 때문이다. 그리고 자칫 금리 조절에 실패하거나, 자산 가격을 경착륙시키게 된다면 일본과 같은 장기 불황의 늪에 빠질 수 있는 상황이 될 것이다(일본은 잃어버린 경제 10년 동안 지가는 1/2 수준, 주가는 1/4 수준으로 하락했다).

A국가의 향후 경제는 암울할 것인가? 그건 아무도 알 수 없다. 이들 환율, 원자재(유가, 금 등), 금리, 자본시장(주식 및 채권시장)의 오묘

하게 맞물려 있는 관계를 어떻게 조율해 나가고, 국제 환경에 어떻게 대처할 것인지가 관건이 될 것이다. 물론 여기에는 정치적인 변수가 추가될 수 있다.

하지만 여기서 중요한 것은 A국가의 사례가 결코 가상의 시나리오로 작성된 국가가 아님을 알아야 한다. 우리가 생활하고 있는 대한민국이 될 수도 있는 것이고, 이웃나라 일본이나 중국이 될 수도 있는 것이다. 실제로, 이와 같은 사례는 이미 일부 국가에서는 비슷하게 진행이 되고 있는 상황이다.

신문이나 언론을 통해서 이들 경제변수(환율, 원자재, 금리, 자본시장 등)에 대한 정보를 접할 기회는 많았을 것이다. 그렇지만 이들이 상호 어떻게 맞물려서 돌아가고, 어떤 변수로 인해서 최근의 경제 호황이나 경제 위기에 더 큰 영향을 주었는지도 곰곰이 생각해 볼 수 있는 시간도 가져야 한다. 작게는 나 혼자만의 개인 자산(예금, 주식, 부동산, 현금 등)에만 영향을 미칠 수도 있지만, 넓게 보면 대한민국이라는 국가를, 그리고 글로벌 경제라는 넓은 집합 전체에 영향을 줄 수 있는 중요한 경제변수들이기 때문이다. ✳

04

재테크의 관전 포인트

몇 년 전부터 온 국민이 재테크 열풍에 휩싸여 있다. 펀드 계좌 수로만 따지면 두 집당 한 집꼴로 펀드 투자를 하고 있으며, 대부분의 국민들이 부동산 투자에 대한 필요성을 절실히 느끼고 있으며, 최근에 실시된 설문조사에서는 예전과 다르게 노후 준비를 위한 자금 마련을 할 의향이 있다는 사람들의 비중이 높아지고 있다.

이런 시대적 흐름에 발 맞추어 금융기관에서는 각종 신상품과 이색 상품들을 출시하여 사람들을 끌어 모으는 데 온갖 마케팅 능력을 발휘하고 있다. 하지만 이런 시기에도 재테크를 시작하는 데 있어서 분명히 알아두어야 할 몇 가지 사항이 있다. 재테크의 습관과 관련된 올바른 인식과 선점 효과, 푼돈과 관련된 부자들의 태도, 그리고 마지막으로 재테크의 전략과 전술에 관련된 부분이다. 대부분의 사람들은 상품 몇 개 잘 고르고, 우량 기업에 투자를 하고, 높은 금리에 예금을 맡기면 될 것이라고 생각하지만, 이는 근시안적인 사고에 머물러 있는 것이다.

지금의 재테크 열풍이 사회적인 일시적 유행이 아니라 환경 변화에 따른 변화라고 생각한다면, 앞으로 2030세대들은 퇴직하는 순간까지는 물론이고, 퇴직 후 노후 시기까지 자산관리에 신경을 써야 한다. 단순히 자산 운용의 부분적인 기술만 가지고 마라톤에서 승리한다는 보장을 할 수 없다. 본인에게 맞는 전략과 전술을 수립해야 하며, 생활 습관에 변화를 주어야 하고, 돈에 대한 인식도 바꾸는 등 심리적인 측면의 준비까지 해두어야 비로소 가정을 대표하는 마라톤 주자로서의 준비운동을 끝낼 수 있다.

그러면 여기서는 2030세대가 어떠한 심리적 준비운동을 해야 재테크 경기를 관전하는 데 있어서 유리한지를 알아보기로 하자.

| | | | | 자산 증식을 결정하는 재테크 습관

2006년에 실시된 모 연구기관의 조사에 따르면 국내 가구의 81.3%가 "현재 재테크를 하고 있다"고 답변을 했다고 한다. 재테크의 참여율은 40대가 가장 높았으며, 소득 수준이 높을수록 재테크에 더욱 신경을 쓰는 것으로 나타났다. 2030세대와 상담을 하다 보면, 그들의 재테크를 가로막는 큰 요인 중에 하나가 지출이었다. 그들의 말인즉 "돈 쓸 데는 많은데, 돈벌이는 그만큼 따라오지 못한다"는 것이다. 일부는 맞는 말이다. 2030세대는 이제 막 사회생활을 시작해서 본격적인 수입원이 생기는 시기이기 때문이다. 따라서 이 시기에는 본인의 지출에 대한 평균적인 개념을 잡기도 전에, 결혼이라는 큰 관문도 지나야 하며 결혼 후에는 그동안 예상치 못했던 각종 경조사를 비롯하여, 가족의 대소사에 지출을 하게 된다. 따라서 사회생활과 가정생활을 오래한 40대가 재테크 참여도가 높은 이유도 같은 맥락이다.

그러면 애당초 2030세대에게 재테크는 무리인 것일까? 개인적으로는 오히려 2030세대는 재테크에 있어서 상당히 중요한 시기라고 생각한다. 재테크의 성공을 결정짓는 여러 요인 중 하나가 습관과 마인드이다. 특히 2030세대에게 있어서는 이 시기에 형성되는 재테크의 습관이 향후 부의 규모를 좌지우지한다고 해도 크게 틀린 말이 아니다. 재테크는 시간과의 싸움이다. 널리 알려진 '복리 효과' 도 시간이 가장 중요한 변수가 되며, 주식의 '우량주의 장기 투자 전략' 이나, 적립식 펀드 투자 역시 시간이 가장 중요한 변수 중 하나이다. 단 몇 년을 조금 더 빨리 시작하는 것만으로도 큰 차이가 생길 수 있다.

사람 행동의 90% 이상은 습관이다. 그 사람이 어떤 습관을 가지고 있느냐가 그 사람의 인생을 바꿀 수 있는 중요한 열쇠가 되기도 한다. 한때 국내에 열풍이 불었던 '아침형 인간' 의 경우도 같은 맥락인 셈이다. 재테크도 습관이 매우 중요하다. 어떠한 재테크 습관을 가지고 있느냐가 행동의 변화를 유도하고, 이런 행동의 변화가 자산 증식에 변화를 가져온다. 개인 투자자들의 주식 투자의 실패 요인을 객관적으로 분석을 하다 보면 나오는 결론 중에 하나가 잘못된 주식 투자 습관이다. 습관을 들이는 것도 중요하지만, 잘못된 습관을 고치는 것도 중요하다.

많은 2030세대들이 알고 있듯이, 직장 초년생 시기에는 지출을 최대한 줄여서 종자돈 마련에 힘써야 한다. 하지만 직장 초년생 시기는 학창시절과 다른 소비 패턴이 생겨나게 된다. 학교 구내식당에서 먹던 식사의 몇 배가 되는 식사를 하게 되고, 연인을 만나면 버는 만큼 소비가 커지게 되어 데이트 비용도 빠듯한 것 같고, 차량도 구입하고 싶고, 좋은 옷도 입고 싶어진다. 지출을 하면서도 이것이 적정한 지출 규모인지 판단을 못하게 되는 경우가 많아진다.

최근 국내 차량의 중대형화 선호 현상에는 2030세대의 기여도 상당히 크다고 생각한다. 요즘은 우스갯소리로, 연봉 액수와 차량 등급이 비슷하다고 한다. 연봉 2천~3천만 원을 받아도 2000cc대의 중형차를 탄다는 말이다. 차량 한 대를 사지 않으면 5,000만 원짜리 예금 통장을 가지는 것과 비슷하다. 연봉 2천~3천만 원을 받는 직장인이 자동차 때문에 5,000만 원짜리 예금 통장을 쉽게 포기하는 것은 실로 안타까운 현상이다. 결혼이라는 인생의 큰 관문을 지나야 하고, 결혼 후 내 집 마련, 자녀 양육비 및 교육비 마련, 가계의 여가 생활비, 노후 자금 마련 등 목돈이 필요한 시기가 이제부터 본격적으로 시작되는데, 계획 있는 저축과 소비 패턴의 변화 없이는 삶의 무게에 허덕이다가 노후를 맞이할 가능성이 매우 크다.

2030세대는 머리 회전이 빠른 시기이다. 금융상품에 대한 분석을 할 때도 생활 속에 밀접한 인터넷을 통해서 방대한 정보를 접할 수 있으며, 신금융상품에 대한 분석력도 매우 뛰어나다. 금융기관에 종사하면서 재테크 분야에 상당히 해박한 지식을 지닌 2030세대들을 접할 수 있는데, 이들에게 정보의 원천을 물어보면, 대부분이 인터넷과 재테크 서적이라고 한다. 과거 세대들이 입소문과 주변 사람들을 통해서 재테크 정보를 얻었다면, 현재의 2030세대들은 수천 명에서 수만 명에 이르는 네티즌들과 지식을 공유하고, 재테크 서적을 통해서 전문가들의 의견을 참고하고 있다. 이렇게 시대적 여건이 좋은데도 불구하고 아무런 노력과 시간 투자 없이 부자를 꿈꾸는 사람들이야말로 얌체족이다.

필자의 친구 중에 끈질기게 많은 질문을 하는 친구가 있다. 업무가 한창 바쁜 시간인데 메신저를 통해서 질문하는 것은 물론이고, 전화까지 동원해서 이것저것 질문을 하는 친구이다. 그런데 질문 내용을 듣고 있으면 어설픈 금융기관 직원보다 훨씬 낫다는 생각이 들 때가 많다. 이 친구는 한 달에 한 번 이상은 금융기관에 상담이나 상품 정보 수집을 위해 방문을 하고, 재테크 서적이나 경제 관련 서적을 분기당 한 권 정도는 직접 사서 보고, 인터넷 재테크 관련 커뮤니티에서 활발한 활동을 하고 있다. 본인이 가입한 보험, 펀드 예금 등의 정확한 상품명과 특징을 줄줄이 꿰고 있으며, 귀갓길 지하철에서는 경제신문을 꼭 챙겨 본다고 한다. 이 친구는 필자의 권유로 본격적인 재테크를 시작한 지 몇 년 되지 않았는데, 지금은 자산 규모가 상당히 불어나 있다.

전형적인 습관의 변화로 자산을 형성한 친구이다. 그 전에는 이 친구 역시 친구들과 노는 것을 즐기고, 여윳돈이 생겨도 금리가 1%도 안 되는 은행의 보통예금에 넣어두었다. 그런데 재테크를 시작하여 지출을 줄이고 그 돈으로 이곳저곳에 투자를 하면서 잔고가 늘어가는 재미를 맛보기 시작하더니 재테크 생활이 즐거워졌다고 한다. 독특한 문화를 느끼고 즐기기 위해 외국 기업의 커피 매장을 매일 들르는 다른 친구와, 자산 형성의 기쁨을 느끼기 위해 금융기관을 수시로 드나드는 이 친구를 두고 누가 옳다고는 할 수 없다. 다만 분명한 건 이 친구는 매월 불어나는 자산 소득만으로 커피 매장의 커피 정도는 어렵지 않게 매일 사먹을 수 있지만, 다른 친구는 아직도 본인의 월급 소득에서만 커피를 사먹고 있다는 것이다.

생각을 바꾸면 습관이 바뀌고, 습관이 바뀌면 운명이 바뀔 수 있다고 한다. 생각을 바꾸는 데는 돈이 한 푼도 들지 않는다. 지금이라도 생각을 바꾸어 보는 것은 어떨까?

||||| 투자의 선점 효과, 최대한 누려라

유대인들은 1,800여 년을 세계 각 곳으로 정처 없이 떠도는 민족이었다. 종교적 특성과 문화적 차이 등으로 인해서 토지 소유도 금지당하고, 직업도 못 가지게 되는 등 민족적으로 어려움을 많이 겪게 되었다. 그래서 그들이 선택한 것은 기독교인들이 기피했던 금융이었다. 기독교인들이 같은 교인들끼리 이자놀이를 하는 것에 대해 천박하게 보았던 반면 유대인들은 이런 천한(?) 일을 통해서 상당한 부를 얻었다. 돈을 단순한 '교환' 수단이 아닌 '상품'으로써 본 자본주의 사상을 가진 최초의 민족인 셈이다. 그 결과 현재 세계 최강대국인 미국의 금융과 언론을 장악하고 있는 민족이 되었다.

한국의 경우에도 과거부터 '돈'에 대해서 인식이 좋은 것만은 아니었다. 계급사회에서는 '사농공상(士農工商)'이라 하여 상인을 가장 낮은 계급으로 취급하였으며, 양반들은 '돈'을 들먹이는 것을 수치스러운 일이라 생각했다.

현대 사회에 있어서도 부정한 방법으로 돈을 모은 사람들은 물론이고 떳떳하게 돈을 모은 부자들에 대한 시선도 그리 곱지 않은 것이 사실이다. 외국에서는 어린아이들에게 경제 교육과 돈에 대한 관념을 심어주는 일이 흔하지만, 우리나라의 경우에는 아이들에게 '돈'에 관련된 것보다는 공부나 예능을 가르치는 것이 더 옳은 일이라고 생각하는 경향이 많다. '돈은 나이가 들면 다 알게 된다'는 식으로 생각하는데, 안타깝게도 나이가 들어서도 그렇지 못한 어른들이 생각 외로 많다는 사실을 간과해서는 안 된다.

역사에 있어서, 투자의 선점에 따른 이득이 발생되는 사건은 항상 존재해 왔다. 실제로 우리 사회에서도 이런 일들이 많이 목격된다. 1970년대는 지금의 강북이 서울의 중심지였다. 도심지 과밀화 현상이 심한 관계로 사람이 많이 몰리는 시설을 4대문 외곽으로 이전시키는 정책을 추진할 정도였다. 반대로 강남은 이제 막 개발이 시작되는 시기였기 때문에, 사람들이 선호하지 않던 지역이었다. 따라서 강남으로 이주한 사람들 중 본인이 원래 살던 지역으로 다시 되돌아오는 경우도 있었다. 하지만 그 사람들이 만약 지금까지 강남에 살고 있었다면 어땠을까?

1997년 IMF 구제금융 시대에 주식시장, 부동산시장 모두 최대의 위기를 맞았다. 이 시기에는 누구나 선뜻 주식이나 부동산을 사기가 꺼려지는 시기였다. 당장 국가가 어떻게 될지 모르고, 다른 자산들의 행보가 어떻게 될지 모르기 때문이다. 하지만 당시에 일부 선견지명이 있는 사람들은 주식과 부동산을 사들이기 시작했고 몇 년 후에 이들 자산이 투자 원금의 몇 배가 되어서 되돌아왔다. 실제로 필자의 고객분 중에도 당시에 국내 대기업의 주식과 강남의 모 아파트를 지금에 비하면 헐값 수준에 사들여서, 현재 부의 상당 부분을 당시에 이룬 사람이 있다.

2004년 주식시장이 800포인트를 넘어서면서 증권사 리서치 센터와 경제신문에서 주식 투자나 펀드 투자를 해야 한다는 목소리들을 내기 시작했다. 당시 펀드 투자를 하기 시작한 사람들이 있다면 동일한 시기에 강남 대치동의 모 아파트 34평형에 투자한 사람의 3배가 넘는 수익률을 올릴 수 있었다. 펀드 자본주의 시대의 혜택을 가장 먼저 선점한 셈이 된 것이다.

유명한 경영 및 경제 관련 가설 중에 '효율적 시장 가설'이라는 것이 있다. 쉽게 말하면 금융시장이 효율적이라면 효율적인 정도에 따라서 과거 정보나 비공개 정보, 심지어는 내부자 정보까지 가치에 이미 반영되어 있기 때문에 그런 정보들을 이용해서 초과 수익을 내기가 쉽지 않다는 것이다.

어떤 투자 자산이든 간에 많은 사람들이 투자를 해서 모두 다 행복할 수 있는 자산은 없다. 이익을 보는 사람이 있으면 손해를 보는 사람이 존재하기 마련이다. 주식시장은 말할 것도 없고, 부동산시장에서도 많은 사람들이 이익을 보고 있는데, 오히려 손해를 본 사람도 있다. 이익을 크게 가져가려면 다른 사람들이 아직 모르거나 소외되어 있는 자산에 관심을 가져야 한다. 그리고 사람들이 몰리게 되어 자산의 가격이 상승하기 시작하고, 어느 정도의 적정가치에 도달하면 그 자산을 정리하고 나오는 투자 전략을 가져야 한다.

이를 쉽게 말하면 '선점 효과'이다. 투자에서의 선점 효과의 크기는 상당하다고 할 수 있다. 물론 이 선점 효과가 항상 긍정적이지만은 않다. 역효과가 나는 경우도 있지만, 그런 부분을 감안한다 하더라도 긍정적인 선점 효과의 매력은 충분히 존재한다. 재테크에 대한 바람직한 습관을 만들었다면, 이제는 선점 효과를 노려야 한다. 선두주자로서의 이익은 꾸준히 연구하고, 노력하는 자에게 주어지는 일종의 시장의 선물인 셈이다.

소문난 자산가로 알려진 분들을 만나다 보면, 그들도 우리와 같은 평범한 사람임에 틀림없다는 것을 알 수 있다. 하지만 그들의 생활 태도나 인생의 가치관에 대해서 이야기를 나누다 보면 무릎을 '탁' 하고 치는 부분들이 생기게 된다. 일반인들과 98% 유사하지만 2% 다른 무언가가 있다는 것이다.

잘 알려진 국내 모 기업의 CEO를 처음 만났을 때의 이야기이다. 인사를 하고 자리에 앉자 그분이 대화 내용을 메모하기 위해 필기구를 가져왔는데, 이면지를 차곡히 모아놓은 바인더와 필기구점에서 100원도 하지 않는 볼펜을 사용하는 것이었다. 면담이 끝나고 그분 비서에게 살짝 물어봤더니 그 CEO는 사내에서도 절약으로 유명하다는 것이었다. 젊어서 회사를 설립할 때부터 절약습관이 몸에 배어서 지금까지도 그렇게 행동한다는 것이다. 일반 기업의 평사원에서 시작해서 해당 업종 최고 기업을 설립하여 부를 모은 것이 단지 운만은 아니라는 생각이 들었다.

적어도 자수성가로 많은 부를 이룬 분들의 공통적인 부분을 보자면, 푼돈 하나에 대해서도 소중히 생각하고 있다는 것이다. 몇 백 원하는 이체 수수료를 아끼기 위해서 금융기관 직원에게 당당하게 이의제기를 하기도 하고, 불필요한 지출에 대해서는 심할 정도로 예민한 반응을 보이는 경우를 많이 보았다. 가끔은 '저 정도 돈을 가지신

분이 저런 돈 정도는 그냥 내시지……' 라는 생각을 한 적도 있었다.

일반적으로 우리는 이런 생각을 한다. '외식 한 번 하는데 몇 만 원이나 하는데, 몇 천 원짜리 아이스크림 값이야 뭐 대수인가?' 하지만 부자들의 생각은 다르다. 돈은 분명히 사용 목적이 있다는 것이다. 절대적인 수치를 가지고 비교해서는 안 된다는 것이다. 몇 만 원씩 쓰는 사람이 몇 백 원 쓰는 게 문제가 되는가라는 생각보다는 몇 만 원을 쓰지만 줄일 수 있는 몇 백 원은 줄인다는 것이다. 내가 만 원을 투자해서 그 이상의 만족이나 수익이 되돌아온다면 기꺼이 투자를 하지만, 다른 곳에서는 몇백 원이라도 줄일 수 있으면 줄인다는 생각을 가지고 있는 것이다. 소득이 늘어나서 지출이 증가하다 보면, 모든 돈의 사용 목적을 절대적인 돈의 수치로만 파악하는 일반 사람들과는 다르다는 것을 분명히 느낄 수 있다.

몇 년 전 워싱턴 포스트에 실린 기사를 보면 유명 커피회사의 커피를 하루에 한 잔씩만 줄여도 30년이면 우리나라 돈으로 5,500만 원 정도가 절약된다고 한다. 결혼과 동시에 커피를 뚝 끊는다면 30년 후에는 상당한 수준의 금액을 모을 수 있다는 얘기이다. 일주일에 송금 수수료나 기타 잡다한 비용으로 나가는 돈을 1,000원씩만 줄여도 1년이면 5만 원이 넘는 돈을 아낄 수 있다.

이 돈이 큰돈이 아니라고 생각하는가? 백만 원을 일 년 동안 은행에 넣어두었을 때 받는 돈은 이것보다 적다. 일주일에 천 원만 절약해도 당신은 백만 원짜리 정기예금 통장의 이자 이상을 받아 갈

수 있다. 생활 속에서 무심코 생각 없이 지출한 동전이나 비용을 줄이기만 해도 어지간한 보험이나 적금통장을 갖고 있는 것보다 더 나을 수 있다. 커피를 마시는 것이 아니라 문화를 즐긴다고 주장하는 사람은, 다른 곳에서 그 정도의 지출을 줄여야 한다. 불필요하게 새는 바가지를 막는 이런 행동은 실질적인 금전적 이득 이외에 이러한 생활 습관이 부자가 되는 데 큰 변화를 준다는 것을 기억해야 한다.

▍▍▍▍ 전략적 자산배분과 전술적 자산배분의 양면

많은 국민들의 지지를 받으며 국내 e-sports의 역사를 이룩한 게임이 있다. 바로 '스타크래프트'이다. 스타크래프트는 온라인상에서 얼굴도 모르는 어느 누군가와 경쟁을 해서 승리를 쟁취하는 게임인데, 이기기 위해 다양한 작전을 짜게 된다. 이런 작전을 짜다 보면 우리가 흔히 말하는 '전략'과 '전술'을 모두 사용하게 된다. 예를 들어 전략이란 우리 팀이 2명이라면 나는 테란 종족을 선택하고, 다른 친구는 프로토스 종족을 선택하여 어느 방향에 있는 적을 먼저 어떤 유닛으로 물리친다는 것을 짜는 것을 의미한다. 반면에 전술이란, 전략을 시행하는 도중에 어떤 시설물을 먼저 설치하여 적의 공격과 방어에 대응을 해야 하며, 지상군을 도보로 이동시킬 것인지 아니면 다른 탈것을 이용하여 적의 기지에 몰래 잠입을 시킬 것인지 등을 의사결정하는 행위이다. 이런 전략, 전술은 게임에만 적용되는 것이 아니다. 재테크에 있어서도 전략과 전술은 여러 번 강조해도 지나치지 않을 정도로 중요한 개념이다.

자산배분(asset allocation)에는 두 가지가 있다. 전략적 자산배분과 전술적 자산배분이 그것이다. 전략적 자산배분은 장기적인 관점에서 자산을 구성하는 것을 의미하고, 전술적 자산배분이란 중·단기적인 관점에서 동적(dynamic)으로 자산을 배분하는 것을 의미한다. 이 두 가지는 어떤 하나에 편중되어서는 안 된다. 예를 들어 설명해 보도록 하자.

35세의 김행복 씨는 50세에 퇴직을 염두에 두고 있다. 앞으로 15년간 퇴직 후 생활을 위한 자금을 마련하려고 하는데, 어떤 방식으로 자산관리를 해야 하는지 몰라서 전문가의 도움을 받기로 했다. 전문가는 김행복 씨와 상담 후 첫 번째 제안서를 내놓았다. 김행복 씨의 투자성향과 현금흐름, 그리고 현재 자산 구성 등을 감안하여 확정금리 상품인 예금이나 채권 등에 40%를 투자하고, 나머지 60%는 펀드나 기타 파생상품 등에 투자하라는 내용이었다. 김행복 씨가 첫 번째 제안서에 승낙을 하자, 전문가는 두 번째 제안서를 내놓았다. 그 제안서에는 2007년 기준으로 채권은 연 6%대 수익을 얻을 수 있는 ○○회사의 투자 적격 회사채에 투자를 하고, 펀드는 국내펀드와 아시아 소비시장 관련 펀드, 그리고 인프라 관련 펀드, 그리고 주가연동예금 등에 투자를 하라는 제안서였다.

위의 사례에서 첫 번째 제안서는 전략적 자산배분이다. 김행복 씨의 환경과 자금 목적을 고려하여 거시적인 관점에서 장기적으로 투자목적을 달성하기 위해서 자산집단을 대상으로 포트폴리오를 형성하는 의사결정인 셈이다. 두 번째 제안서는 전술적 자산배분이다. 이는 미시적인 관점에서 중기 또는 단기적으로 수익률을 제고하기 위해서 자산집단의 구성비율을 적극적으로 변경하는 행위를 말한다.

즉, 전문가는 2008년 제안서 작성 시점을 기준으로 국내펀드와 아시아 소비시장 관련 펀드, 그리고 인프라펀드 등이 투자 목표의 달성을 위한 최적화와 투자위험에 대한 관리 등에서 적합하다고 판단하였던 것이다. 믿음이 잘 가지 않는가? 실제로 이와 관련하여 외국에서 이미 연구한 사례가 있다.

1977년부터 87년까지 10년 동안 미국의 82개 대형 연금에 대한 운용 결과에 대해서 브린슨(Brinson), 후드(Hood), 비보워(Beebower)란 학자들이 연구를 하였다. 이들의 관점은 자산 포트폴리오의 수익률에 절대적인 영향을 미치는 것이 무엇이냐는 것이었다. 우리는 흔히 자산 포트폴리오의 수익률에 영향을 미치는 요소는 미래를 내다볼 수 있는 예측력이나, 수익이 좋은 주식이나 펀드를 선택할 수 있는 능력이 비중이 클 것이라 생각하지만, 연구 결과는 의외였다. 포트폴리오 수익에 영향을 주는 요소 중 90% 이상이 '자산배분'을 어떻게 하느냐에 의해서 달라진다는 것이다. 또한 과거 적극적인 종목 선택이나 자산배분이 포트폴리오의 성과에 결정적일 것이라 생각했지만, 분석결과 장기적인 자산 구성이 훨씬 중요하다는 것으로 밝혀

졌다. 따라서 개인 투자자들도 노후생활을 설계하거나 목적자금을 마련하는 데 있어서 개별 종목이나 펀드의 선정보다는 장기적인 자산배분, 즉 재무계획의 수립이 더 중요하다는 것을 연구를 통해 입증한 것이다.

시장의 움직임을 단기적으로 예측하거나 몇 개의 종목 선택으로부터 얻은 수익률은 전체 수익률에서 차지하는 비중이 낮다. 대부분의 성과가 시장의 움직임을 따라가게 되어 있는 것이다. 예를 들어 주식시장이 좋을 때 직장인 김행복 씨가 소문을 듣고 주식을 사서 수익을 내는 건 그가 가진 전체 자산 중에 일부이고 그 수익률은 김행복 씨의 자산 형성에 큰 도움을 주지는 못한다. 김행복 씨의 자산 형성에 큰 도움을 주는 건 은행에 들어 있는 예금의 금리 수준과 펀드의 수익률인데, 예금 금리는 채권시장의 움직임에, 펀드의 수익률은 주식시장이나 기타 해외 자산시장의 지수의 움직임에 따라 결정된다는 것이다.

즉 종목 선택이나 펀드 선택 등의 단기적인 주가나 금리를 예측하는 행동 이전에 장기적인 자산배분과 같은 거시적인 활동을 먼저 수립해야 하고, 거시적인 자산배분을 마치고 나면 미시적인 관점에서 중·단기적으로 동적인 자산배분을 해야 하는 것이다. 물론 이 중에서 포트폴리오의 성과에 큰 영향을 미치는 것은 자산배분 활동이라는 것을 염두에 두어야 한다. 시장 예측 능력이나 종목 및 펀드 선택 능력은 포트폴리오 성과의 기여도에 10%도 안 된다는 것을 알아야 한다.

하지만 그렇다고 해서, 중·단기적인 시장 예측 활동인 전술적 자산배분을 결코 무시해서는 안 된다. 장기적인 자산 구성을 하는 전략적 자산배분은 내가 살 집의 터를 마련하고 집을 짓는 데 필요한 뼈대를 완성하는 것이라면, 전술적 자산배분은 그 뼈대에 어떤 색깔의 벽돌을 사용하고, 어떤 지붕을 올릴 것이며 창문의 위치와 내부 마감재는 어떤 것들을 사용하는지 등을 결정하는 것이다. 생활하면서 집의 위치에 따른 이득과 자연재해로 인한 방어는 집 터전과 뼈대가 큰 변수가 되겠지만, 가정생활의 만족감은 내부 벽지나 창문의 위치 등에 따라서 결정된다.

이처럼 전략과 전술은 서로 보완이 필요한 행위들이다. 양면성이 있기 때문에 하나만 선택해서는 안 된다는 것이다. 개인의 재무설계나 재테크를 하는 데 있어서, 미시적인 시각으로 당장 금년에 어떤 자산이 큰 수익을 낼지도 중요하겠지만, 장기적으로 목표를 세워서 내 자산을 어떤 식으로 키워갈지 결정하는 것도 중요하다. 긴 인생, 시간과의 싸움인 재테크에서 승리를 하기 위해서는 전략과 전술의 양면을 모두 이해하고 활용하는 자세가 필요하다.

||||| 향후 부동산 시장, 어떻게 볼 것인가?

노무현 정권 이후 말도 많고 탈도 많았던 부동산 시장이 차기 정부에는 어떻게 될 것인가에 대해서 지대한 관심이 모아지고 있다. 일부 투자자들은 이미 부동산 가격의 바닥론을 들고 나오며 부동산 시장의 상승에 대해서 목소리를 높이고 있는 상황이다.

1인당 국민소득이 5천 불 미만에서는 일반적으로 일반 토지에 대한 수요가 증가하게 된다. 5천 불에서 1만 불에 이르는 시기가 바로 농업국가에서 산업사회로 넘어가는 시기이기 때문이다. 따라서 도시화, 산업화 등에 따라서 토지에 대한 수요가 급격하게 증가하여, 이 시기에 토지를 보유하고 있는 사람들은 기존에는 볼 수 없었던 가격을 보게 된다.

5천 불에서 1만 5천 불 시대로 넘어가면 토지에 대한 수요는 줄어드는 반면, 주거에 대한 욕구는 커진다. 국가의 경쟁 산업으로 인해서 국민소득도 높아지고, 정부와 기업의 인프라 투자로 인해서 살 만한 환경이 갖추어지기 때문이다. 따라서 이 시기에는 '내 집'이라는 개념이 자리잡히기 시작하며, 주거지에 대한 수요, 즉 아파트, 주택 등에 대한 수요가 증가하게 된다. 따라서 이 시기에는 아파트나 주택을 소유한 사람들은 큰 시세차익을 거둘 수 있으며, 환경에 따라 다르지만 초기에는 아파트, 주택 등의 주거 형태를 가리지 않고, 수도권이나 지방 도시를 불문하고 가격이 오른다. 한국의 경우 초기 단계 후 수도권과 아파트, 특히 아파트 중에서는 중대형 평수의 가격 상승폭이 가장 컸는데, 이는 인구구조 변화라는 변수가 있었기 때문이다.

1만 5천 불에서 2만 불로 넘어가면 주택, 아파트 등에 대한 수요가 확고해진다. 아파트와 주택 등에 대한 투자가 얼마나 매력적인지에 대해서 온 국민들이 인식을 하기 때문이다. 일부 지역에 따라서는 초과 수요가 일어나기도 한다. 이때를 넘어서면 사무실에 대한 수요가 증가하며 가격 상승을 이끌어 간다고 보는 견해도 있다. 실제로 강남의 사무실 임대료 수준을 보면 최근 들어 주춤했던 부동산 시장과 정반대의 모습을 볼 수 있다. 거래는 되지 않지만 호가 상으로는 몇 년 사이 2~3배로 가격이 뛴 빌딩도 있으며, 임대료 역시 크게 오르고 있는 상황이다.

여기서 하고 싶은 말은 부동산 시장이 지금은 정부의 정책과 세제 혜택, 그리고 타 투자자산의 급부상 등으로 인해서 잠시 주춤하고 있지만 경제 사이클 상 아직도 투자의 매력은 남아 있다는 것이다. 실제로 시장의 변화가 없는 시기에는 그에 따른 특별한 정책도 없는데, 부동산 시장이 급변하는 시기에 정부의 정책, 시장의 자금 쏠림 현상 등을 살펴보면 분명한 투자 기회가 생기는 모습을 과거로부터 볼 수 있었다. 다만 과거와 다른 점이 있다면, 과거에는 부동산을 소유하고 있는 사람과 그렇지 못한 사람과의 부의 격차가 상당히 심각한 수준으로 벌어졌지만, 앞으로는 부동산을 소유하고 있다는 것만으로는 그런 혜택을 누리기가 쉽지 않을 것이다. 즉, 과거에는 내 집을 마련해서 몇 년 동안 보유하면 대부분 부의 증가가 현실화되었지만, 이제는 '대부분' 이란 표현을 쓰기가 어렵게 되었다. 많은 부동산 전문가들이 최근 들어 자주 언급하는 '차별적인 집값 상승' 이란 표현을 같은 맥락으로 보면 된다.

차별적인 가격 상승은 경제학적 관점에서 해석하면 조금 더 쉽게 이해할 수 있다. 2000년대 이후 일어난 주택 가격의 급등은 한국에서만 일어난 것이 아니다. 영국, 미국, 인도, 러시아 등 선진국이나 신흥국가에 구분 없이 일어났으며, 역사상 유례 없이 장기적으로, 그것도 많은 국가들이 동시에 일어났다. 또한 이런 집값 상승의 내면을 들여다보면, 그들 국가들의 주택 가격 상승도 심각한 차별화를 보이고 있다.

미국의 경우 워싱턴DC, 캘리포니아, 플로리다 등은 2000년대 이후 집값이 평균 100% 이상 오른 반면, 인디애나 같은 경우는 그것의 1/4 수준에도 못 미치는 상승을 보였다. 영국의 경우에도 벨그라비아, 사우스켄싱턴, 첼시 등은 폭발적인 수요로 인해 끊임없는 상승을 보여주고 있고, 런던의 경우에도 1천억 원이 넘는 집이 등장하고, 작은 원룸 하나가 6억 원에 달하는 등 차별적인 집값 상승의 대표적인 지역으로 자리잡고 있다. 선진국에 비해 인프라가 떨어져 있는 인도의 델리 같은 경우도 1백만 달러가 넘는 집들이 있는 것을 감안하면 주택 가격 상승은 한국만의 문제는 아닌듯 싶다.

집값 상승의 원인은 세계 경제의 글로벌화와 저금리, 그리고 소득의 차별화, 인구구조 등의 문제 때문이다. 소득의 차별화는 현재 한국에도 나타나고 있는 현상인데, 한편에서는 비정규직과 낮은 임금으로 고민을 하면서도 다른 한편에서는 외제차 판매량이 매달 최고치를 달성하고, 몇 백만 원씩 하는 고급 술집은 예약 없이는 가기도 힘들 정도로 소득의 차별도 심해지고 있다. 이런 소득의 차이가 집값을 차별화시키는 원인이 되고 있는데, 인도의 경우 고소득을 받는 IT종사자들이 인도의 집값을 올리고 있으며, 한국의 경우에도 고소득 전문직들이 강남권의 집값을 올리고 있다.

또한 각 국가들의 중앙정부들이 과거 물가 상승에 대해 밤낮으로 고민을 하면서 금리를 조절해 왔는데, 최근 인도, 중국 등의 신흥국가들의 값싼 제품들을 수입하면서 자국 내 물가가 자동적으로 낮은 현상으로 유지되면서 저금리를 유지할 수 있게 되었다. 그리고 이런 저금리에 따라서 시중의 자금들이 부동산 시장에 유입되면서 부동산 가격이 초과 수요에 따른 가격 상승으로 이어지게 된 것이다. 베이비 붐 세대를 중심으로 한 인구구조의 변화도 집값 변동에 큰 몫을 하고 있다. 그들 세대들이 집을 구입하는 시기와 어떤 집을 선호하느냐에 따라서 한국의 경우에도 주택 가격에 큰 파동이 있었고, 이는 미국과 일본의 경우에서도 사례를 찾아볼 수 있다. 물론 이들이 향후 7~8년간 한국의 부동산 시장과 자본시장에 미치는 영향은 여전히 클 것으로 전망되고 있다.

결론적으로 장기적으로 집값이 안정화되기 위해서는 공급의 탄력성이 밑받침되어야 하는데, 주택의 경우 공장에서 물건을 찍어내는 형태의 상품이 아니기 때문에, 공급과 수요의 괴리에 따른 가격 등락 현상은 현재 시점에서도 계속될 것이라고 판단된다. 또한 현재 제기되고 있는 부동산 거품론 역시 거품에 대한 진위 여부조차도 검증이 쉽지가 않은 상태인데, 주식이든 부동산이든 간에 펀더멘탈(fundamental)이라 불리는 시장의 기본가치 측정이 쉽지 않기 때문이다. 아직까지도 한국의 경우 은행, 증권사 등을 통해 모으고 불린 돈으로 최종적으로 구매하는 것이 주택이라는 생각이 자리잡고 있는 한 부동산 가격이 쉽게 떨어지지 않을 것으로 판단된다.

자본시장의 승자와 패자는 종이 한 장 차이

✳ 국내 모 증권사의 고객자산운용 부장에 관한 기사를 본 적이 있다. ETF(상장지수펀드)를 활용해 국내 주식형펀드 매니저들보다 나은 성과를 냈다는 것 때문에 주목을 받은 것이다. 요약하면, 자산의 절반을 KOSPI200지수를 따라가는 ETF로 채운 다음 나머지 50%를 상승 가능성이 있는 10~15개 종목으로 채우는 전략을 활용한 것이다. 시장 상승만큼은 기본 바닥으로 깔고 초과 수익을 공격적으로 추구하는 자산배분 전략이다. 실제로 다른 펀드들이 시장을 따라가기 위해 편입한 삼성전자 종목이 2007년 상반기에 좋지 못한 수익률을 기록하자 펀드에서 상당한 비중을 차지하고 있는 삼성전자로 인해 펀드의 수익률에 좋지 못한 영향을 미친 사례가 있었다. 이는 ETF와 종목 선택을 통한 주식 직접 투자의 성과는 자산배분의 차이에 따라서 같은 시장에서도 다른 성과를 보일 수 있다는 것을 보여주는 사례이며, 특히 주식 직접 투자를 하는 개인의 경우에도 충분히 활용 가능하다는 점에서 눈여겨볼 만하다.

1990년대 후반 미국 금융계를 떠들썩하게 했던 사건이 하나 있다. 천재들의 실패라 불리는 LTCM(Long-Term Capital Management) 파산 사태이다. 경제학자들을 비롯하여 금융가 사람들은 경제변수나 자산의 가격은 수렴한다는 것을 기반으로 삼고 연구를 하거나 투자를 하는 경우가 많다. LTCM은 노벨 경제학상 수상자들과 월가(Wall street)의 당대 최고 금융전문가들이 설립한 헤지 펀드사이다. 이들은 이런 수렴 현상을 기반으로 하여 러시아 국채와 미국 국채의 채권 수익률 스프레드(spread)가 비이성적으로 벌어졌을 때 수렴할 것이라 예상하여 투자를 했다가, 외부적인 변수로 인하여 시장이 뜻하는 대로 움직이지 못하자 파산을 하게 된 것이다. 이들 중에는 노벨 경제학상 수상자가 있었으며 최고의 금융공학 전문가들이었기에, 자신들을 너무나 강하게 믿은 나머지 이런 실패를 경험하게 되었다. 하지만 아이러니하게도 이후에 생겨난 헤지펀드들은 이런 LTCM의 전략을 추종하여 성공을 한 경우가 나타나게 된다.

자본시장에 있어서 승자와 패자는 종이 한 장 차이로 표현된다. 그만큼 시장은 인간이 미래를 예측하여 전략을 수립하기에는 결코 만만치 않다는 것이다. 노벨 경제학상 수상자를 비롯한 천재들의 집단도 투자에 실패를 하기도 하며, 반면에 같은 전략을 활용한 전문가들은 성공을 하기도 한다.

시장의 예측이 어렵다면, 전략과 전술을 잘 활용하여 시장 대비 초과 수익률을 올리도록 머리를 싸매기도 하는 곳, 그곳이 바로 금융시장이다. ✳

chapter 3

반드시 챙겨야 할 생활 속의 재테크

대출에도 전략이 필요하다 / 노후를 대비하는 퇴직연금, DB형 과 DC형/ 중요한 목적자금 중 하나인 자녀 교육비 / 재테크 설계의 필수요소, 절세

2030

자산을 늘리기 위해 투자해야 하는 상품명, 기업종목과 상관없이 일상생활과 밀접하게 연관되어 있는 자산을 변화시킬 요소들이 있다. 이 장에서는 투자할 대상이 아닌 소비를 체계적으로 해야 할 재테크 요소들에 대해 알아보도록 한다.

대출에도 전략이 필요하다

　　한국 사람들이 예민하게 반응하는 단어 중 하나가 '대출'이다. 남의 돈을 빌려 쓴다는 '부채'의 개념이 들어 있기 때문인지는 몰라도 대출에 대한 인식은 그리 썩 좋지 않은 것 같다. 하지만 20~30대의 경우는 생활을 하다 보면 분명히 대출이 필요한 상황이 생길 수 있다. 학생 때는 학자금 대출이 있을 수 있고, 직장을 들어가면 마이너스 대출 통장을 만들 수 있으며, 집을 구입하기 위해서 주택담보 대출을 활용할 수 있다. 우리가 무심결에 사용하는 무이자 할부 역시 카드사로부터 받는 대출의 일종이다.

　　이렇듯 대출은 우리의 선호 여부에 상관없이 일상생활과 밀접한 관계를 가지고 있다. 대출을 한 번도 사용하지 않고 살 수도 있지만, 피치 못할 사정이나 다른 목적으로 대출을 사용할 경우에 대비해서 대출에 대해서도 사전에 미리 정보 습득을 해두는 것이 좋다. 또한 부동산의 경우에는 대출 활용을 얼마나 잘하느냐에 따라서 가계 자산의 사이즈가 판이하게 달라지는 경우도 많다. 여기서는 우리의 일상생활과 밀접한 관련이 있는 대출에 대해서 한번 짚고 넘어가 보자.

∣∣∣∣ 대출은 신용관리가 생명

대출은 크게 보아 신용대출과 담보대출로 나누어 볼 수 있다. 이 중에서는 담보를 제공하여 대출을 받는 담보대출이 금리가 낮다. 담보를 제공하기 때문에 그만큼의 우대혜택을 주는 것이다. 신용대출은 금리가 담보대출보다 높으며 개인차에 따라 많이 다르다. 이는 신용대출 한도를 결정하는 개인신용평점(CSS: Credit Scoring System)에 의해 결정되기 때문이다. 일반적으로 이 개인신용평점과 다른 금융기관의 정보를 병합하여 개인 신용평가 절차를 진행하게 된다. 개

개인신용평점 평가 구성

항목 예시	항목 구성
개인	연령, 직업, 결혼 여부, 부양가족 등
주거	주택 소유 현황, 주거 현황, 자동차 보유 여부 등
직장	기업 규모, 정규직/비정규직 여부, 근무 연수 등
소득	연 소득, 이자/배당 소득, 기타 소득 등
재산	재산세, 소유 부동산 형태 등
기타	예금, 펀드, 보험, 급여이체, 대출 현황 등

인 신용평가는 신청 신용평가(Application Score)와 행동 신용평가(Behavior Score)로 이루어지는데, 경우에 따라서는 신청 신용평가와 행동 신용평가를 합산하여 최종적인 신용등급을 결정하기도 한다.

신청 신용평가는 신규 고객의 대출 신청이나 카드 발급시에 사용된다. 대출의 여부와 대출한도와 이자율, 카드의 발급 여부 등이 여기서 결정된다. 여기에 사용되는 정보는 연 소득, 직업, 대출 금액, 연체 여부, 결혼 여부, 주택 보유 여부, 자동차 보유 여부 등이 항목에 속하는데, 각 항목별 가중치는 금융기관별로 다르며, 공개되어 있는 사항은 아니다.

행동 신용평가는 과거 신용거래 기록이 주요 평가 내용이다. 과거의 대출 상환 이력이나 신용거래 기간, 대출금 여부 등이 여기에 속하는데 카드사의 한도 증액, 그리고 대출금의 연장 등을 평가하는데 사용한다. 금융기관 측에서는 대출이나 카드 발급 후 사용자가 어떠한 사용 행태를 보이는지를 파악해서 사전 예측을 해보는 셈이다.

따져 보면 금융기관에서는 일반적으로 생각하는 것보다 더 꼼꼼하게 개인들의 신용도를 평가하고 측정하고 있는 셈이다. 금융기관에서 이렇게 점검을 하는 만큼 개인들도 이에 대한 준비를 평소에 해두어야 한다. 즉, 생활 습관을 금융기관이 선호할 만한 방향으로 바꾸어 보자는 것이다.

금융기관이 대출을 할 때 크게 고려하는 부분은 당연히 돈을 떼먹지 않는 사람이어야 한다는 것이다. 직장이 안정적이거나 집에 돈이 있는 사람을 선호하는 것이다. 그러나 이런 부분이 약간 부족하다고 해도 금융기관과의 거래 실적이 우수할 경우에는 플러스 요인이 될 수 있다. 최근 들어 개인들이 연체에 관한 부분은 신경을 많이 쓰고 있다. 신용사회라 불릴 만큼 신용에 대한 개념이 널리 알려졌기 때문이다. 하지만 아직도 소액 금액은 가볍게 생각하여 소홀히 여긴다든지, '이왕 연체가 되었으니 천천히 갚지'라는 생각을 하는 사람들이 있다면 시대착오적 발상이다. 아무리 좋은 직장에 다니며 연 소득이 상대적으로 좋다고 하여도, 신용이란 시간이 오래 걸려야 인정될 수 있는 부분인데, 연체는 이러한 신용등급을 한순간에 갉아먹을 수 있는 항목이기 때문이다. 연체가 발생하면 연체 기록이 등록되기 전에 최대한 빨리 갚는 것이 중요하다. 신용불량자로 등록이 되면 어떠한 형태로든 불이익이 존재하기 때문이다.

다음은 금융기관과의 거래이다. 금융기관 거래는 너무나 잘 알려져 있듯이 몇 군데의 금융기관과 집중적인 거래를 하는 것이 유리하다. 거래실적이라는 부분이 상당히 중요한 영향을 미치기 때문이다. 때로는 금융기관 직원과의 친분도 도움이 될 수 있는데, 이런 부분들은 문어발 식의 금융기관 거래를 통해서는 사실상 얻기 힘든 부분들이다. 같은 신용등급을 받더라도 주거래 금융기관의 실적에 따라서 한도가 달라질 수 있다.

마지막으로는 조회처 정보 관리이다. 조회처 정보란, 신용조회를 일으키는 신용거래를 하게 될 경우에 어떤 기관에서 개인의 신용정보를 조회했는지를 의미한다. 흔히 휴대폰의 개설부터 카드 개설,

대출부터 카드 할부 등까지도 신용거래의 범위에 속한다. 이런 조회처 정보가 많은 사람은 어떤 특정한 액션이 있든 없든 간에 신용등급에 해가 갈 수 있다. 금융기관 입장에서는 상대적으로 우량한 고객에게 신용거래를 승인해 주어야 하는데, 온갖 곳에 조회 정보가 남아 있다면 우량 고객으로 보지 않는다는 것이다. 특히 최근에 대대적인 TV광고까지 펼치고 있는 대부업체 등에서의 조회기록은 1금융권과의 신용거래에 있어서 치명적인 오점이 될 수 있다는 것을 알아야 한다. 금리가 상대적으로 낮은 1금융권을 이용하지 않고 금리가 높은 대부업체의 돈을 빌려다 썼다는 것은 1금융권에서의 대출 거부와 신용등급상의 문제가 되는 것이기 때문이다. 따라서 대출 신청을 하기 전에는 반드시 개인의 신용점수를 점검하여 대출 여부와 한도를 미리 파악하는 것도 좋은 방법이라 할 수 있다.

||||| 금융기관별 다양한 대출 상품

대출로 가장 널리 활용되는 곳은 1금융권이라 불리는 은행이다. 은행은 과거부터 예금과 대출의 마진이 주 수입원이었던 만큼 일반 개인들과 기업들에게 대출을 주로 해 주던 금융기관이었다. 전체 금융기관 중에서 대출 금리가 상대적으로 제일 낮다는 장점이 있지만, 반대로 대출 심사가 제일 까다로운 곳 중에 하나이다. 그리고 대출은 일반적으로 편리하고 간단할수록, 즉 깐깐함과 거리가 멀수록 이자가 비싸고 문제가 있을 소지가 있다. 광고 문구에 나오는 무방문, 무보증, 무서류를 너무 좋아하다가는 큰코다칠 수 있다.

20~30대의 직장인이라면 제일 먼저 접하는 대출 중 하나가 은행의 마이너스 대출이다. 마이너스 대출은 예금 잔액 외에 대출 한도를 언제든지 예금 찾아 쓰듯이 인출할 수 있고, 이자도 사용 기간에 따라 합리적으로 부여되기 때문에, 급한 자금이 필요할 때 유용하게 사용할 수 있는 대출 상품 중에 하나이다. 하지만 마이너스 대출에 대해서는 전문가들별로 의견이 나누어져 있다. 직장생활을 6개월~1년 정도 하면 만들어야 한다는 의견이 있는 반면에, 초년 직장인이 마이너스 통장을 만들면 지출의 통제가 어렵다는 점 때문에 만들지 않는 것이 좋다고 보는 의견도 있다. 어느 의견이 맞는지는 개인차에 따라 다르다고 판단된다.

돈이 필요한데 현금 서비스나 사채를 이용하는 것보다는 마이너스 대출이 훨씬 유리하지만, 필요도 없는데 만들면 불필요한 곳의 지출은 물론이고 어느새 대출 한도까지 채워서 쓰게 될 수도 있다. 따라서 급하게 만들기보다는 1년 정도의 직장생활을 경험한 뒤에 개인의 수입, 소비 및 지출 패턴을 어느 정도 파악한 뒤에 본인에게 필요한지 여부를 판단해야 할 것이다. 마이너스 대출은 대출한도 결정 방식이 해당 은행과의 거래 실적이다. 급여이체부터 예·적금(직전 일정 기간 동안의 평균 잔액), 펀드, 신용카드 거래 실적, 기타 수수료 등을 감안하여 대출한도를 부여하게 된다.

두 번째는 전세자금 대출이다. 전세자금은 전셋집 마련시 부족한 자금을 대출로써 해결하기 위해 사용되는 대출인데, 정부에서 지원하는 전세자금 대출과 은행의 전세자금 대출이 있다. 정부 지원 자금은 소득에 따라 가능과 불가능이 판정되기 때문에, 소득이 제법 되는 직장인일 경우에는 은행이 취급하는 일반 전세자금 대출을 이용해야 한다. 고정금리 방식과 변동금리 방식이 있는데, 변동금리 방식은 고정금리 방식에 비해 금리가 낮은 편이다. 일반적으로 같은

전세자금 대출 종류

구분	고정금리	변동금리 (현재금리)	대출한도	자격요건 및 우대금리	상환방식 및 기타
국민 주택 기금	4.5%(건교부 고시 금리 기준)	없음	전세보증금 70% 이내 최대 6,000만 원	세전 연봉 3,000만 원 이하자(단, 상여금, 시간외 수당, 식대, 교통비, 월차수당 등 제외) 만 65세 이상 부모 봉양자 0.5%포인트 우대금리	국민은행, 우리은행, 농협에서만 취급 만기 일시상환 (전세기간 연장시 수수료 없이 상환연장 가능)
국민 은행	없음	12개월 금융채금리 +2.5% (7.53%)	전세보증금 70% 이내	신용도에 따라 적용 금리 다름	8년 이내 원리금 원금분할상환(거치기간 상환기간의 3분의 1까지 가능)
우리 은행	7.77% (내부 고시금리 기준)	CD금리 +2.6%(7.54%)6개월 변동(7.7%)	전세보증금 60% 이내 최대 6,000만 원	보증서만 있으면 단일금리 적용	만기 일시상환(전세기간 연장시 수수료 없이 상환연장 가능)
농협	8.1%	CD금리 +2.75% (7.69%)	전세보증금 70% 이내 최대 1억 원	상동	상동
신한 은행	7.75%	CD금리 +2% (6.94%)~	전세보증금 70% 이내 최대 1억 원	신용도에 따라 적용 금리 다름	상동

자료 : 건설교통부

※단, 주택금융공사 보증서 발급자 기준, 보증료로 매년 전세금의 0.7% 납부.

조건이라면, 정부의 전세자금 대출이 금리와 대출한도에서는 유리한 편이다.

전세자금 대출은 전세계약만으로 대출이 가능하여 결혼을 앞두고 전세자금이 부족한 개인이 담보자, 연대 보증인 없이 소득증빙만으로 대출이 가능하며, 대출 금액에 대해 보증료만 납부하면 대출이 된다. 대부분의 은행들은 1억 원 범위 내에서 전세보증금의 70%까지 전세자금을 빌려주고 있다. 그리고 전세자금 대출 금리가 상대적으로 높게 느껴지는 신용도가 1, 2등급에 해당하는 사람들은 일반 전세자금보다 신용대출을 받는 것이 금리면에서 훨씬 유리하다.

세 번째는 주택구입 관련 대출 상품이다. 주택구입 관련 대출 상품은 주택을 구입하려는 개인에게 대출해 주는 상품들로써 널리 알려진 모기지론 이외에 근로자 및 서민 주택구입 자금 대출과 금융기관의 주택구입 자금 대출, 그리고 주택 담보 대출이 있다.

다음은 2금융권이다. 2금융권에는 보험사, 카드사, 캐피털, 상호저축은행 등이 있다. 종류가 많기 때문에 간단히 짚어보고 넘어가도록 하자.

보험사의 대출 상품은 약관 대출, 우수고객 신용대출, 전세보증금 대출, 부동산 담보 대출 등이 있다. 약관 대출은 순수 보장성 보험을 제외한 보험상품에 가입한 고객이 중도 해약했을 때 찾을 수 있는 금액의 일부 범위 내에서 대출을 받을 수 있는 상품이다. 대부분은 전화 및 인터넷으로도 대출이 가능하다. 우수고객 신용대출은 보험사에서 정한 일정기준에 해당하는 우수고객에 한하여 소득증빙이 가능한 경우 신용대출을 하는 형태인데, 보험사별로 적용 기준이 다르다.

캐피털의 대출 상품은 할부금융이 주된 상품이다. 할부금융의 대상은 자동차, 주택, 내구재 등과 같은 고가품이 대상이다. 이외에도 학자금 대출 상품도 캐피털사의 대표적인 대출 상품 중에 하나이다.

마지막으로 카드사의 대출 상품이다. 카드사의 대출 상품은 일반인들이 접하기 쉬운 대출 상품 중 하나인데, 현금 서비스와 카드론이 대표적이다. 현금 서비스는 ATM기에서 언제든지 받을 수 있다는 장점 때문에 아무 생각 없이 사용하는 경우가 많은데, 쉽고 간편하다는 생각 때문에 무분별한 사용을 하게 되는 단점이 있다. 그러나 더 심각한 문제는 현금 서비스의 이용 횟수와 금액이 많은 경우 개인의 신용이 급격하게 떨어진다는 것을 분명히 알고 있어야 한다. 신용 하락은 순식간이지만 회복 속도는 더딘 것이 일반적이기 때문에, 이 부분을 분명히 숙지하고 있어야 한다.

||||| 정부가 지원하는 자금 대출

잘 알려지지는 않았지만 금융기관 이외에 정부에서도 자금 대출을 해 주는 경우가 있다. 이번 기회에 알아두면 본인에게나 주변 사람들에게 도움이 될 만한 내용들이니, 해당 사항이 없더라도 한번은

짚어보고 넘어가도록 하자.

　첫 번째로는 생활안정 자금 대출이다. 3개월 이상 근무를 하면서 월 평균 임금이 170만 원 이하인 근로자에 대해서 의료비, 혼례비, 장례비, 노부모 요양비의 명목으로 7백만 원까지(노부모 요양비는 3백만 원) 연리 3.4%의 1년 거치 3년 분할 상환의 조건으로 대출을 해준다. 신청 접수는 근로복지공단 지역본부 및 지사의 복지부 또는 복지팀으로 하며, 재원 소진시까지 연중 가능하지만, 의료비는 요양 종결일 또는 병원 영수증 발급일로부터 90일 이내에, 혼례비는 결혼일 기준 90일 전부터 90일 후까지, 장례비는 사망일로부터 90일 이내에 신청을 해야 하며, 매월 2회 저임금 순으로 선발한다.

　두 번째는 임금체불 근로자의 생계비 대부이다. 대부 대상은 2개월 이상 임금이 체불된 재직중인 근로자이다. 체불 임금의 범위 내에서 5백만 원까지 대출이 가능하며 연리 3.4%에 1년 거치 3년 분할 상환이 가능하다. 매월 2회 접수 실시하며, 생활안정 자금 대출과 마찬가지로 저임금 우선선발을 실시하고 있다. 대상자로 선정된 경우에는 공단의 신용보증 지원을 통하여 보증료로 융자금액의 연 1%를 부담하면 신속하게 융자를 받을 수 있다.

　세 번째는 실직 여성가장 창업지원 자금이다. 이혼 또는 사별로 인해 가족들을 부양해야 하는 실직 여성의 생활 안정과 경제적 자립 도모가 목적인데, 신청자가 희망하는 1억 원 이내의 전세점포(전세권 설정이 가능한 점포에 국한)를 공단이 임차(계약)하여 이를 대여하는 형태이다. 지원 기간은 1~2년 단위의 계약이며 최장 6년까지 연장 가능하고, 연리 4.5%로 매월 균등 납부하는 형태이다(현재는 자금이 소진된 상태이고 2007년부터 새로운 재원을 가지고 창업지원 사업을 진행하려고 협의중인 상태임).

네 번째는 장기 실업자 창업지원 자금이다. 장기간 취업에 실패하고 담보 보증 능력이 취약한 계층과 신규 청년 실업자들의 생계형 창업을 지원하는 목적으로 만들어진 것이지만, 실직 여성가장 창업 지원 자금과 마찬가지로 현재는 자금이 소진된 상태이고 2007년부터 새로운 재원을 가지고 창업지원 사업을 진행하려고 협의중인 상태이다. 신청 자격은 전직 실업자로서 세대주 또는 주 소득원인 자, 신규 청년 실업자로서 전공 및 보유 국가기술 자격증 관련 업종으로 창업을 희망하는 자 등이 해당된다.

이 밖에도 근로복지공단, 노동부, 중소기업청, 소상공인 지원센터 등에서 정책자금 대출 등이 있으니, 목 마른 사람이 우물을 파듯이 시간을 투자해서 한번 알아보기를 권한다.

││││ 효율적인 대출 전략

자세히 소개하지는 않았지만, 최근에는 증권사 상품 중에 큰 인기를 끌고 있는 CMA 상품에도 소액 담보 대출이 가능하다. 그리고 가입한 펀드 역시 펀드 유형에 따라 대출 비율이 다르기는 하지만, '수익증권 담보 대출'이 가능하다. 예금의 경우 대출 금리를 따라갈 수가 없기 때문에, 대출을 우선적으로 상환한 다음에 예금을 권하는 경우를 종종 보았을 것이다. 하지만, 펀드의 경우에는 당장 아쉬운 돈 때문에, 높은 수익률을 얻을 수 있는 기회를 놓칠 수가 있다. 이런 경우는 수익증권 담보 대출을 고려해 보는 것도 괜찮다. 물론 이는 예상과는 달리 펀드 수익률이 낮을 경우, 대출 상환에 대한 부담이 더 될 수도 있다는 점을 알아두어야 한다.

증권사의 경우에는 신용거래 제도가 있다. 증권사에 소정의 신용 보증금을 내고 나서 보유 자산을 기반으로 한 레버리지(leverage)를 일으키는 것인데, 잘만 활용하면 큰 수익을 얻을 수 있지만, 본인이 감당 못할 수준으로 레버리지를 일으킨다면 나중에 문제가 생길 수도 있다.

급한 대출로 인해 금리가 부담될 경우에는 저금리 대출 후 고금리 대출상환을 통한 부담을 줄이는 것도 좋은 방법이다. 이를 흔히 대출 갈아타기라고 부르기도 하는데, 이 경우 중도 해지 수수료까지 감안하여 실행에 옮겨야 한다.

대출을 실행한 후에 대출을 상환하는 과정은 크게 만기 일시상환, 원리금 균등상환, 원금 균등상환이 있다. 만기 일시상환은 평소에는 이자를 상환하다가 만기에 일시에 원금을 상환하는 경우이다. 따라서 평소에는 이자만 내기 때문에 부담이 덜하지만, 만기에 목돈을 원금으로 상환해야 하기 때문에 부담도 크며, 상환 불이행의 위험이 생길 수 있다. 원리금 균등상환은 평소에 원금과 이자를 같이 상환하는 형태이다. 초기에는 이자가 상대적으로 크고 원금이 적지만, 뒤로 갈수록 이자는 줄어들고 원금의 비중이 커지게 된다. 상환 금액 중에 원금과 이자의 비중만 달라질 뿐이고, 상환 금액은 만기까지 동일하다. 원금 균등상환은 평소에 납입하는 원금은 동일하고 뒤로 갈수록 이자는 줄어들게 된다. 따라서 만기에 가까워질수록 상환 금액은 점차 줄어들게 된다. 일반적으로 대출의 이자는 높기 때문에, 이자를 줄일 수 있는 균등상환의 형태를 취하는 것이 유리하다.

대출, 활용에 따라 약도 독도 될 수 있다

　대출은 순기능과 역기능이 함께 존재한다. 보통 사람들은 대출, 즉 빚을 지는 것에 대해 극도의 거부감을 보이는 경우가 많다. 지하철의 광고판, TV, 그리고 길거리에서 우리는 대출을 어서 빨리 하라는 권유 아닌 권유 속에 매일같이 살아가고 있다.

　부동산에 있어서 대출은 그나마 조금 나은 편이다. 부동산 관련 책자에서도 "대출은 때로는 필요악이다"라고 공공연하게 말할 정도로, 자산가치 하락이 비교적 적은 부동산에 있어서는 대출이 그동안 긍정적인 역할을 해 왔기 때문이다.

　대출을 할 때 이자 부담도 부담이지만, 사실상 더 위험에 노출될 수 있는 부분은 원금 손실 부분이다. 그 손실이라는 것은 원금을 사용함으로써 발생하는 소비뿐 아니라 투자로 인한 평가 손실 부분까지 포함하는 것이다. 원금 손실이 발생할 경우 대출로 인한 재정 부담은 눈덩이처럼 커지기 때문에, 사람들이 대출을 꺼리는 가장 큰 이유가 되는 것이다.

　하지만 기업이나 개인이나 적당한 수준의 부채 활용은 효율적인 전략이 될 수 있다. 이를 레버리지 효과(지렛대 효과)라고 하는데, 적당한 수준의 부채 활용은 자산의 가치를 보다 빠르게 증대시킬 수 있는 방법 중 하나이다. 그러나 이는 어디까지나 방법 중 하나일 뿐

누구에게나 옳은 방법은 아니다.

학문적으로 검증되었고, 실제 금융시장에서도 효과를 인정받은 몇 안 되는 투자기법인 분산투자는 위험을 관리하면서 점진적 자산 증대를 할 수 있는 방법이긴 하지만, 서구의 투자 대가들은 분산투자보다는 집중투자를 선호한다. 즉 투자가치가 있는 자산을 선택하여 집중하는 것이 부를 이룩할 수 있는 가장 효과적인 방법이라고 생각하는 것이다.

부채 활용 전략 역시 이런 맥락에서 이해하면 된다. 위험을 떠 안아야 그에 상응하는 수익을 얻을 수 있다는 '하이 리스크 하이 리턴(high risk high return)'은 개별 자산에만 해당되는 것이 아니라, 자산 포트폴리오 구성을 하는 데 있어서도 부채를 어느 정도 활용하면서 위험을 안아야 고수익을 얻을 수 있다는 것을 말해 준다.

'대출'을 막연한 거부감으로 제쳐두지는 말고, 과연 부채 활용 전략이 나의 성향과 환경에 적합한가 등을 면밀히 검토하여 활용 여부를 판단해 보아야 할 것이다. ✳

노후를 대비하는 퇴직연금, DB형과 DC형

퇴직금 제도는 국내의 경우 1961년에 도입된 이후 최초의 근로자 보장제도로써 퇴직자나 실직자의 생계에 큰 도움이 되는 역할을 해 왔으나, 노동시장의 변화와 퇴직금 적립의 부실화 등의 문제가 나타나곤 했다. 실제로 외환위기 당시에 많은 중소기업들부터 대기업까지 쓰러지게 되면서 퇴직금도 받지 못하고 하루아침에 직장을 잃어 버린 사람들이 상당수 있었다. 현재의 퇴직금 제도는 상시 근로자 5인 이상의 사업장에서 1년 이상 근무한 근로자에 대해 근속연수 1년당 1개월분에 해당하는 임금 상당액을 퇴직시 일시금으로 지불하는 형태를 띠고 있다. 그러나 노령화 시대에 노후생활에 안정을 주자는 취지에서 퇴직연금의 도입이 가속화되었다. 한국노동연구원의 조사에 따르면 퇴직금만으로 가족의 생계 유지가 가능한 기간이 5개월 이하가 70% 정도 되며, 90% 이상이 1년 이상은 퇴직금만으로는 가족의 생계가 불가능하다고 나타났다.

2005년 12월은 한국에서 퇴직연금 제도가 실시된 때이다. 시행된 지 1년이 넘었지만, 아직 활성화되지 않은 관계로 많이 알려지지 않은 제도가 되어 버렸다. 하지만 이미 퇴직연금제가 정착한 국가들과 같이 정부나 회사 차원의 적극적인 검토와 진행이 이루어진다면 문제는 조금 달라질 것이다. 생애 주기에서 가장 중요한 노동 가능한 시간을 바친 회사에서 받게 되는 금전적인 보상이 달린 문제이며, 인생의 절반인 노후생활을 위한 종자돈이 되는 자금이기 때문이다.

대기업에서의 퇴직연금 제도로의 전환은 눈에 띄지는 않지만, 중소형 기업들의 경우 상당한 수의 기업들이 준비를 하고 있는 것으로 알려져 있다. 퇴직연금 자체는 회사의 결정도 중요하지만, 사실 개인의 관심이 더 필요한 제도이다. 개인의 선택이 개입되어 퇴직금을 증식해야 하는 제도이기 때문이다.

퇴직연금은 크게 확정급여형(DB : Defined Benefit)과 확정기여형(DC : Defined Contribution)으로 나누어진다. 용어 자체가 익숙치는 않지만, 급여형은 가입연수와 퇴직시의 연금 등에 의해 퇴직급여 수준이 확정되는 연금이다. 종전의 퇴직금과 마찬가지로 회사의 책임에 의해 운용되기 때문에, 근로자의 선택의 폭이 좁은 연금이라고 생각하면 된다. 반면 기여형은 근로자의 선택의 폭이 넓은 상품이다. 회사가 지불하는 퇴직금을 어떤 상품에 운용을 할 것인가를 고민해야 하며, 운용 방식에 따라서 퇴직금이 변동하게 된다. 현재는 노사 합의를 통한 퇴직연금 형태를 선택하는 방식이 주를 이루고 있지만, 향후에는 개인의 의사결정이 조금 더 개입될 수 있는 형태로 전환될 것이라고 예상된다.

| | | | | DB형과 DC형의 장·단점

개인이 노후를 준비하기 위한 3층 보장 구조는 1층인 국민연금과 2층인 퇴직금, 그리고 3층인 개인연금을 들 수 있다. 이 중에서 말 많은 국민연금을 제외한 퇴직금과 개인연금은 개인의 선택 개입이 가능하기 때문에, 개인이 처한 상황에 따라 신중한 선택을 해야 한다. 어떤 선택을 하느냐에 따라서, 노후 자금으로서의 기능이 상당 부분 달라지고, 이에 따라 개인이 만족하는 삶의 질 수준이 달라질 여지가 있는 상품이기 때문이다.

DB(확정급여형)형 상품은 근로자가 받을 퇴직급여가 사실상 확정되어 있는 상품이다. 따라서 이에 따른 노후 설계에 대한 구체적인 준비가 가능하지만, 반대로 경제변수에 따라서는 DC형 가입자에 비해 물가 상승의 위험에 상당 부분 노출되어 있다. 따라서 노후에 가서는 실질 구매력이 떨어지게 되는 현상이 발생할 수 있다. DB형은 구조 자체만큼이나 퇴직급여에 영향을 미치는 변수 역시 '임금 인상률'과 '예상 근속기간'의 두 가지로 압축한다. 또한 적립금의

60%는 의무적으로 사외에 적립해야 하므로, 회사 파산시에 퇴직금을 최소 60%는 확보할 수 있지만 나머지 40%는 못 받을 가능성이 있는 상품이기도 하다. 하지만 회사가 책임지고 운용을 하기 때문에 개인은 퇴직자금 운용에 대한 고민을 할 부분이 상당 부분 줄어들며, 오래 근무하는 것이 퇴직금을 더 많이 받을 수 있는 방법이다.

DB형의 개념은 조금 독특하다. 운용을 해서 성과가 좋을 경우 직접적으로 개인에게 돌아오는 혜택은 없고, 간접적으로 혜택이 돌아가게 된다. 예를 들어 알아보자. DB형 퇴직연금의 운용사가 운용을 잘할 경우 기업의 적립금은 줄어들게 된다. 그만큼 이익이 많이 났기 때문이다. 기업의 퇴직연금 적립 부담이 줄어들면(퇴직 부채가 줄어들 경우) 기업의 실적이 개선되는 효과가 나타나고, 이런 현상이 지속되면 근로자의 임금 상승으로까지 이어지는 선순환이 일어날 수 있는 것이다. 물론 이는 어디까지나 가정이다. 퇴직연금 적립 부담이 어느 정도까지 줄어들어야 기업 이익의 개선 효과가 나타나는지는 알 수 없고, 또한 성장 기업의 경우 기업 이익의 개선 효과가 나타나더라도, 여유자금을 근로자들의 임금 상승보다는 설비 투자 등의 투자 자금으로 사용할 수 있기 때문이다.

DC(확정기여형)형은 DB(확정급여형)형에 비해 조금 더 공격적인 상품으로 분류된다. 운용 실적에 따라서 퇴직급여가 달라지는 형태이기 때문이다. 그리고 전적으로 기업에서 받게 되는 퇴직자산은 개인 계좌에서 관리되기 때문에 그만큼 개인이 신경을 써야 하며, 개인의 계좌인 만큼 회사가 파산시에도 개인의 퇴직급여에는 지장을 주지 않는다. 개인이 퇴직자금 운용에 신경을 쓸 수 있다는 의미는 역량에 따라서 퇴직연금이 달라질 수 있다는 말이다. 물론 퇴직자금 운용은 개인이 직접 하는 것이 아니고 금융기관에서 위탁 운용을 해 주기 때문에 DC형의 경우 운용 위탁 금융기관의 선정이 상대적으로 중요하다.

DB형과 DC형의 장·단점

구분	DB형(확정급여형)	DC형(확정기여형)
장점	• 장기 근속의 경우 유리 • 향후 받게 될 퇴직급여의 계산이 가능 • 퇴직급여의 60%는 보장	• 운용 수익률에 따라 고수익 가능 • 이직에 따른 연금의 이동이 편리 • 개인의 운용 선택이 가능
단점	• 전직에 따른 연금의 이동이 어려움 • 기업 파산시 퇴직급여의 손실 가능 • 구조조정의 위험에 노출되어 있음	• 운용 실적이 악화될 경우 불리 • 개인의 신경이 많이 쓰임 • 운용 결과에 따라 손실 가능성 있음

DC형은 펀드 중심의 금융 상품으로 구성되기 때문에, 펀드 투자와 비슷한 면을 가지고 있다. 이는 DC형의 운용 손실에 대한 부분은 개인이 직접 떠안는 구조이기 때문에, 주식의 직접투자를 허용하지 않는 것이다. 주식시장에 대한 이해가 상대적으로 부족한 개인이 퇴직자산을 가지고 주식 투자를 한다면 위험성이 크다고 보기 때문에 규제를 해놓은 것이다.

따라서 DC형 퇴직연금은 적립식 펀드 투자와 유사하다고 생각하면 되며, 적립식 펀드를 가입할 때에 여러 상품들 중 본인에게 맞는 펀드를 선택하는 것처럼 선택의 기회가 부여되어 있다. 다른 점은 상품 내(펀드)의 주식 투자 비중이 제한되어 있다는 것과 보수와 수수료 등이 적립식 펀드에 비해 적어서 중·장기적인 투자에 유리하다는 것이다.

운용 수익률(8%)이 임금 상승률(6%)보다 높을 경우 퇴직시 소득 비교

(단위 : 천 원)

구 분		퇴직일시금 (연봉제)	퇴직연금	
			DC형	DB형
소득	퇴직소득세	159,971	159,971	269,399
	이자소득세	145,780	166,833	–
	계	305,751	326,804	269,399
비용	이자소득세	24,054	–	–
	퇴직소득세	7,352	15,963	13,119
	계	31,406	15,963	13,119
순소득		274,345	310,891	256,280

||||| 다른 나라 근로자들은 어떤 방식을 선호할까?

퇴직연금 제도를 우리나라보다 일찍 도입한 미국이나 일본 등과 같은 국가의 경우에는 DC형의 비중이 지속적으로 높아지고 있다.

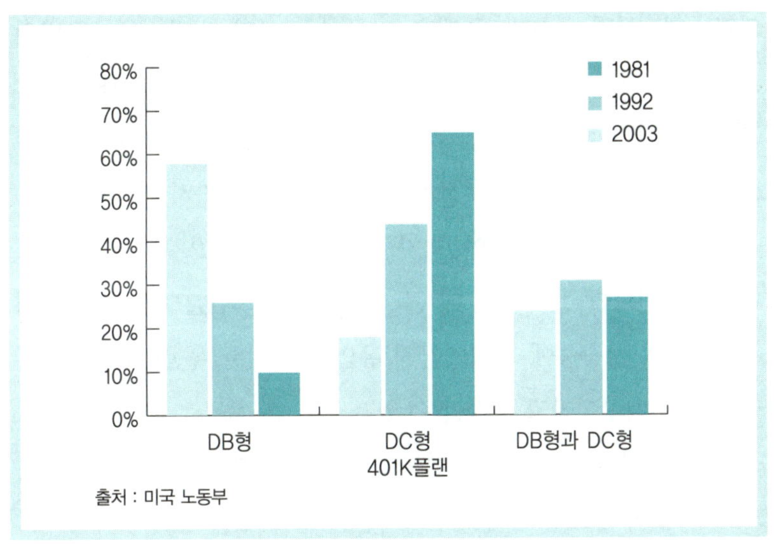

이유는 두 가지 측면에서 살펴볼 수 있다. 먼저 기업 측면에서는 DB형의 경우 운용 결과가 안 좋을 경우 기업의 부담이 커지게 된다. 또한 퇴직 적립금의 형태가 기업의 연금부채 형태로 잡히기 때문에 재정적인 측면에서도 부담이 될 수 있다. 다음은 개인의 경우이다. 개인의 경우에도 기존의 DB형 퇴직연금을 실제로 받아 보니, 물가상승률을 제하고 나면 만족할 만한 수준에 이르지 못하는 경우가 생기기 때문에, DC형에 자연스럽게 관심을 가지게 된다. 또한 현대 직장의 특성상 이직이 활발하게 이루어지는 추세인데, DB형의 경우 이직에 따른 관리의 문제점이 생기는 경우도 있다.

미국의 경우에는 이런 여러 가지 이유로 인하여 레이건 정부 주도하에 401K플랜이란 DC(확정기여형)형 기업연금 제도를 도입하게 되었는데, 여기서 401K플랜은 미국의 근로자 퇴직소득보장법의 401조 K항에 규정되어 있기 때문에 붙여진 이름이다. 401K플랜은 근로자와 기업에 모두 세금 혜택을 주면서 적극 장려를 하게 되었고, 이에 따라 미국의 대표적인 퇴직연금으로 성장하게 되었다. 나중에는 401K플랜으로 인한 자금의 증시 유입으로 다우지수가 10,000포인트를 돌파하는 데 큰 기여를 하게 되었으며, 최근 국내 주식시장의 상승중에 퇴직연금의 유입으로 인한 유동성 증대의 논리도 같은 맥락이라고 생각할 수 있다.

일본의 경우에도 노무라 연구소의 발표에 따르면 DC형의 경우, 2005년에 비해 2012년에 8배 가까운 성장이 있을 것이라 예상하고 있으며, 2001년 10월 도입된 일본의 DC형 퇴직연금은 가입자 수가 급속도로 증가하고 있다. 일본의 이런 변화에는 장기간의 불황과 고용문화에 의한 것이라는 설명도 설득력을 얻고 있다. 호주의 경우에도 퇴직연금의 85%가 DC형이고, DB형은 15% 정도에 그치고 있으며 호주의 경우 20년간 DC형의 연 평균 수익률은 10%대임에 반해, DB형의 수익률에 큰 영향을 미치는 평균 임금 인상률은 4%대에 그친다는 점도 호주 근로자들의 DC형 선호 열풍에 한몫했을 것이라는 추측이 있다.

ⅠⅠⅠⅠ 퇴직연금의 선택 문제는 중요하다

　이상에서 살펴본 대로, DB형과 DC형의 차이점은 분명히 존재하고 있다. 어떤 퇴직연금 형태가 유리한가는 개인에 따라 다르다. 글로벌 추세를 따라서 DC형을 선택할 수도 있고, 위험에 대해 보수적인 성향을 가진 사람이라면 DB형이 여러 면에서 유리할 수 있다. 위험에 대한 성향이 보수적인 사람이 단지 수익을 쫓기 위해서 원금 손실을 감안하고 퇴직연금을 선택한다면, 이는 상당한 스트레스로 작용할 수 있다. 오히려 수익을 따르려다 속병을 앓을 수도 있는 것이다. 연령에 따라서도 마찬가지다. 젊은 세대들이 DC형을 선호한다고 해서 2030세대들이 모두 DC형에 적합하다는 것은 결코 아니다. 이것저것 꼼꼼하게 따져보고 판단을 해야 한다.

　한국의 경우에도 몇 년 안으로 본격적인 퇴직연금 시대를 맞이할 것이라고 예상되는데, 사전 지식 없이 ‘퇴직연금’이라는 중요한 선택을 맞이하는 것보다 사전에 관련 서적이나 신문 등을 참조하여 지식을 쌓아 두는 것이 옳을 것 같다. 퇴직연금은 우리의 노후생활의 질을 결정할 수 있는 매우 중요한 선택의 문제이기 때문이다. 국민연금이 1층 보장 제도라면, 좀 더 튼튼하게 노후와 퇴직 후 생활을 보장해 주는 것은 2층 보장 제도에 해당하는 퇴직연금이다. 이를 얼마나 잘 활용하느냐에 따라서 인생의 후반전에 해당하는 30년의 기간이 값진 인생이 될 수 있다는 사실을 기억하자.

보험사 · 증권사 · 은행의 퇴직연금 운용에는 어떤 차이점이 있을까?

✳ 퇴직연금 가입자 수가 2007년 6월 기준으로 30만 명에 육박했다고 한다. 초기에는 직장인들의 무관심으로 큰 주목을 받지 못했지만, 노사 인식의 제고로 인하여 적립금이 1조 원을 돌파하게 되었다.

이런 지속적인 성장에는 금융기관들의 발 빠른 마케팅 전략이 일부 유효하게 작용하기도 하였다. 그런데 보험사 · 증권사 · 은행 모두 퇴직연금제를 권유하고 다니는데, 이들 금융기관 사이에는 어떤 차이점이 있을까?

우선 보험은 퇴직보험의 노하우가 상당히 축적되어 있는 곳이다. 따라서 보험사가 퇴직연금 시장에서 큰 두각을 드러내는 이유는 이런 과거의 경험이 상당히 작용을 하기 때문이다. 보험사는 대부분의 상품이 DB형(확정급여형)이다. 보험사의 특징상 수익 추구보다는 보장의 측면이 개인들에게 더욱 친근감 있게 다가가기 때문이다. 반면 증권사는 DC형(확정기여형)으로의 무게를 더 두고 있다. 과거부터 주식과 펀드 등을 다뤄왔고, 자산가치가 변동되는 투자상품에 대한 관리 경험이 많기 때문이다. 또한 보험이나 은행이 기존의 퇴직상품 시장을 연장선에서 보고 있는 반면, 증권사는 '노후에 대비하기 위한 투자'의 개념에서 접근하고 있다. 은행의 경우 은행 고유의 지급 결제, 대출, 외환 등의 업무를 결합시켜 은행의 안정적인 이미지와 은행 업무의 전반적인 서비스 제공을 통한 편리함 추구를 기반으로 퇴직연금 가입 대상자들에게 긍정적인 반응을 얻고 있다. 따라서 이들 금융기관의 특성의 차이와 보유한 장점을 잘 파악하여 어떠한 금융기관이 본인에게 적합한지 꼼꼼히 따져보는 자세가 필요하다.

하지만 커지는 퇴직연금 시장에 비하여 현재까지 퇴직연금의 자산운용 규제는 풀리지 않고 있는 상황이다. 안정성 측면에서 운용규제를 하는 것이지만, 퇴직급여금이 적립금 운용실적에 따라 달라지는 확정기여형(DC형)의 경우 운용규제가 유달리 심한 편이다.

OECD 주요 국가들의 상당수가 집중투자 등에 대한 제재는 있는 반면 투자자산에 대한 규제는 거의 없는 편이다.

금융감독 당국은 향후 이런 규제에 대해서 어느 정도 완화를 하겠다는 의지를 밝히긴 했지만, 규제가 어느 정도 풀릴지는 아직 미지수이다. 하지만 규제가 유지되든 완화되든 간에 퇴직연금은 노후를 대비하는 중요한 자산이 되기 때문에 신중한 판단이 필요한 상품이다. ✱

중요한 목적자금 중 하나인 자녀 교육비

새 학기를 맞을 때마다 여기저기서 불만의 목소리가 터져 나온다. 학원 등록금이 올라가는 바람에 터지는 부모들의 한숨과 대학생들의 등록금 인상 반대 목소리이다. 대한민국의 2007년 1/4분기의 전반적인 물가 수준은 3% 내외로 추정되고 있다. 자체만 놓고 보았을 때는 물가 상승폭이 가파르지는 않다. 하지만 교육비 관련 물가는 그 2배 수준인 6%가 넘는 것으로 나타나고 있다. 3월 들어 개강한 대학들의 등록금 인상률은 평균 9% 수준이다. 대입 학원비는 7% 올랐다.

소비자들의 지출 비중이 높은 품목으로 구성된 물가지수가 있다. 생활 물가지수(CPI for living necessaries)이다. 이는 소비자들이 자주, 그리고 많이 구입하는 생활 필수품을 대상으로 작성된 소비자 물가지수(CPI: Consumer Price Index)의 보조지표로 활용되고 있다. 이 생활 물가지수의 경우에는 2%대의 상승을 하였다고 발표되었다. 크지 않은 돈을 지출하는 물가지수는 2%대이지만, 큰돈을 지출하는 물가가 9% 올랐다는 사실은 향후 자녀를 대학에 진학시키고자 하는 부모에게는 매우 의미심장한 통계적 지표이다.

결혼을 앞둔 신혼 부부들과 이제 막 아기를 키우게 된 부모들을 보면 자녀 교육비에 대해서 구체적으로 생각하고 있는 사람들이 드물다. 당장의 큰 목표로 내 집 마련이나 조금 더 교육 여건이 좋은 곳으로 이사를 가야겠다고 생각하지만, 정작 20년이 넘는 기간 동안 큰돈이 들어가게 될 교육비에 대해서는 구체적인 준비를 하고 있지 않다. 어떤 사람들은 "학비는 자기가 벌어서 자기가 다녀야지"라고 말하기도 한다. 그 말이 틀린 말은 아니다. 합리적인 관점에서 보면 그게 옳을 수도 있다. 하지만 자녀가 학비 문제 때문에 공부에 신경을 쓰지 못한다든지, 학비를 스스로 벌 수 있는 입장이 아닐 경우 부모 입장에서는 손을 놓고 보고만 있을 수는 없다. 분명히 판단해야 한다. 자녀 교육비는 정말로 급여 생활자에게는 매우 큰 부담이다. 예전처럼 참고서 하나만 사주고 공부시키고, 대학 등록금도 100만 원인 시절의 이야기는 이제 호랑이 담배 피우던 시절의 이야기이다. 자녀에 대한 욕심이 커지는 만큼 자녀 교육비에 대해서는 되는 데까지 해 주고 싶은 마음이 요즘 부모들의 마음인 만큼 자녀 교육비에 대한 대책도 꼼꼼히 따져보고 계산해서 목적자금 설계를 다시 하도록 해야 한다.

❘❘❘❘ 물가상승률보다 높은 대학 등록금

우리나라 사립 대학의 등록금은 일본, 영국 등 대부분의 선진국에 비해 많은 것으로 나타나고 있다. 한양대 이영 교수에 따르면 "우리나라 대학의 등록금이 대부분의 선진국보다 비싼 것은 1990년대 이후 매년 급격하게 올랐기 때문"이며, "1990~2005년 15년간 연평균 등록금 상승률은 국립대 7.3%, 사립대 9.2%로 평균 물가상승률인 4.8%의 1.5~1.9배"에 이른다.

대한민국이 OECD 국가 중에서 국민소득 수준이 높은 국가들보다 등록금이 높은 이유는 대학이 등록금 의존율이 높기 때문이다. 미국의 경우에는 우리나라보다 등록금이 비싸긴 하지만, 많은 학생들이 매우 다양한 형태로 장학금 혜택을 받고 있기 때문에, 학생들이 받아들이는 체감 금액은 우리나라만큼 크지 않다. 하지만 한국의 경우는 등록금 의존율이 미국의 20% 수준에 비해 65.3%로 3배에 이를 정도로 등록금 의존도가 매우 높다. 현실이 이렇다 보니 매년 등록금 인상률은 고공 행진을 지속하고 있고 학교와 학생들의 마찰도 날이 갈수록 심해지고 있는 것이다.

과거 15년간 사립 대학의 등록금 인상률은 연 평균 9.2%, 2001년 이후 등록금 인상률은 평균 6.1%인 점을 고려하여 연평균 대학 등록금이 7% 정도 인상된다고 가정했을 때에 20년 후 서울에 소재한 주요 사립대의 등록금은 얼마가 될까?

　서울 소재 사립대의 인문계열 2007년 1학기 등록금 평균은 약 270만 원이고, 이학계열의 경우 320만 원, 공학계열은 360만 원이다. 이 등록금은 20년 뒤인 2026년에는 인문계열은 1천만 원 수준, 이학 계열은 1천 2백만 원 수준, 공학계열은 1천 4백만 원에 이를 것으로 추정된다. 등록금 1천만 원 시대는 이제 먼 이야기가 아니다. 지금 20~30대 사람들이 자녀를 대학에 보낼 때의 실제 이야기가 되는 것이다.

주요 사립대 연간 등록금 평균 및 인상률

(단위 : 천 원, %)

구분	2003년		2004년		2005년		2006년	
	등록금	인상률	등록금	인상률	등록금	인상률	등록금	인상률
경희대	5,587	6.6	5,903	5.6	6,202	5.1	6,689	7.9
고려대	5,796	8.5	6,298	8.7	6,696	6.3	7,142	6.7
연세대	5,731	9.3	6,020	5.0	6,308	4.8	7,028	11.4
이화여대	6,296	8.4	6,707	6.5	7,075	5.5	7,474	5.6
성균관대	5,634	7.5	6,053	7.4	6,410	5.9	6,689	7.5
중앙대	5,319	5.0	5,648	6.2	6,053	7.2	6,583	8.8
한양대	5,872	6.6	6,310	7.5	6,630	5.1	7,144	7.8

자료 : 교육인적 자원부

　하지만 문제는 단순히 대학 등록금 인상에만 있는 것이 아니다. 최근 열풍이 불고 있는 조기 유학이나 세계적으로 유명한 사교육비를 감안한다면, 현재 시점에서는 상상하기도 힘든 금액이 필요하다. 그리고 지금까지의 모든 가정은 아이가 1명일 때의 추정치이고, 2~3명으로 늘어날 경우에는 문제가 더 심각해진다. 그리고 1천만 원이 한 학기 등록금이다. 4년제 대학의 경우 최소 8천만 원이 필요하며, 4년이라는 기간 중에도 등록금 인상률이 있으며, 남자의 경우는 중간에 군대로 인한 2년의 공백을 고려하여 6년 기간 내의 등록금 인상률도 생각해 봐야 한다.

그러면 20~30대의 대부분이 근로 소득자인데, 이런 예상 비용들을 단순히 급여로 해결이 가능한가에 대해 고민해 봐야 한다. 일반적으로 근로 소득자들의 명목임금 상승률은 중ㆍ장기적으로 국가의 경제 성장률에 수렴한다. 쉽게 말해서 경제가 좋아져서 성장률이 높아지면 명목적인 임금은 올라가게 된다는 말이다.

다들 알다시피 최근의 경제 성장률은 5%가 안 된다. 평균적으로 연 평균 5%의 임금 인상률 이상은 바라보기 힘들다는 것이다. 그리고 명목임금 상승률이 5%가 안 된다는 것은 실질임금 상승률은 더 암울하다는 얘기이다. 실질임금 상승률은 명목임금 상승률에서 물가상승률을 제한 것을 말한다. 작년에 연봉이 3,000만 원이었던 근로자가 명목임금 상승률이 4% 올라서 3,120만 원을 받았다고 가정해 보자. 같은 시기에 물가는 최근의 평균적인 물가상승률인 3% 정도로 가정을 하면 실제적인 임금 상승률은 1%에 그친다. 임금 인상분인 120만 원 중에서 실제로 오른 금액은 120만 원이고, 월 10만 원이 오른 셈이다.

근로자의 임금만으로 대학 등록금 인상률과 교육 관련 물가와 비용을 따라가기는 턱없이 부족한 것이 현실이다. 임금 상승률로도 부족한 부분은 은행 예금으로도 힘들다. 시중 은행의 평균 예금금리가 5%가 안 되는 것을 생각해 보면 다른 발상의 전환 없이는 교육 자금 대기가 상당히 버겁다는 것을 이해해야 한다.

||||| 어떤 대안을 선택해야 하나?

그러면 현재 20~30대들은 어떤 준비를 해야 하는 것일까? 앞에서 언급한 대로 수입면에서는 이미 경쟁력이 없다. 현금이 들어오는 부분이 부족하다면, 현금이 나가는 부분을 통제해야 한다. 흔한 말로 허리띠를 졸라매야 한다. 우선 지출에 대한 통제부터 계획을 세워야 한다. 지출에 대한 통제는 단기간에 쉽게 할 수 있는 것이 아니다. 우선 평균적인 소비 행태를 파악해 봐야 하고, 지속적으로 목적을 부여해야 한다. 목적 없이 단순히 돈을 모은다는 생각만 하는 것은 좋지 않다. 신혼 초기 사람들의 종자돈 마련의 가장 큰 방해 요인은 다름 아닌 '습관' 에 있다. 습관으로 인해서 싱글 시절의 소비 행태를 버리지 못하는 것이다. 이를 경제학에서는 '톱니 효과(Ratchet Effect)' 라고 하는데 소비와 관련된 소비자의 행동에 관한 용어이다. 소득이 늘어나면 지출 규모는 자연스럽게 커지게 된다. 그러나 소득이 줄어든다고 해서 지출 규모도 줄어드는 것은 아니다. 소비를 줄이는 것이 수입을 늘리는 것보다 어렵다는 것을 나타내는 말이다. 신혼 부부들도 마찬가지다. 새로운 가족 구성체로 되면서 기존의 소비와 지출은 그대로이지만, 가족의 미래를 위해 모아야 할 돈이 생기는 것이다. 하지만 지출을 줄이는 것은 쉽지 않다. 그렇기 때문에 뚜렷한 목표와 철저한 관리가 반드시 필요하다.

다음 단계는 지출을 줄인 부분을 어떻게 활용하느냐의 문제이다. 앞에서 언급했듯이 단순히 은행의 예금 상품으로는 자녀의 교육비는 어림도 없다. 그래도 은행 예금이 좋다면, 앞으로 한국의 금리가 올라가기를 기도해야 한다. 그러나 여러 가지 여건으로 보았을 때 한국의 금리가 예전과 같은 고금리 시대로 다시 돌아가는 시나리오는 아쉽게도 많은 전문가들은 고려조차 하지 않고 있다는 것을 알아야 한다. 은행 예금만으로 교육비 및 등록금 인상률을 따라잡을 수 있는 시기는 과거의 10~20%대의 고금리 시대에만 가능했던 것이다. 물론 그 시기에는 그런 것들만 가능했던 것이 아니라, 그 어떤 금융 재테크도 필요가 없었을 것이다.

지출의 절약 부분을 활용하기 위한 가장 좋은 전략 중에 하나는 시간을 길게 내다보고 중·장기적으로 수익률을 좋게 낼 수 있는 투자상품을 선택하는 것이다. 물론 그 상품은 복리 효과를 낼 수 있는 상품이어야 한다. 복리 효과는 시간과 금리가 만나면 생기는 마술이기 때문이다. 그리고 가장 중요한 것은 해당 상품의 투자가치가 충분히 있어야 한다.

매월 10만 원씩 적립식 펀드에 투자시 금액

(단위 : 만 원)

구분	연간 기대 수익률			
	8%	9%	10%	11%
1년후	130	131	133	134
2년후	281	287	293	299
3년후	457	471	485	500
4년후	660	687	715	744
5년후	894	939	987	1,037
6년후	1,162	1,233	1,309	1,389
7년후	1,468	1,573	1,687	1,808
8년후	1,817	1,967	2,129	2,305
9년후	2,213	2,420	2,646	2,893
10년후	2,664	2,942	3,248	3,587

||||| 노후 준비와 교육비 마련, 따로 해야 한다

계획 없이 교육비를 지출하는 것은 향후 매우 큰 부담이 될 것이다. 예상 수명은 계속 길어지기 때문에 노후 준비는 더욱 철저하게 해야 하는데, 노후 준비를 위한 자금 마련이 되지 않은 상태에서 교육비 관련 지출만을 하게 된다면, 정말 아찔한 생각이 아닐 수 없다. 그렇다고 자녀에게 이만큼 투자를 했으니, 너희들도 이만큼 해달라고 이야기하는 것도 쉽지 않은 일이다.

교육비는 철저한 목적자금의 형태로 모아야 한다. 분명히 지출이 예상되는 것이고, 지출 규모 역시 정확하진 않지만 대략적인 추정이 가능하다. 그렇기 때문에 하루라도 빨리 시작하는 것이 무엇보다 중요하다. 노후 준비도 하기 벅찬데 교육비 마련까지 하는 것은 결코 쉽지 않은 이야기이다. 하지만 현재의 20~30대는 과거의 세대들과는 다른 금융 환경에서 생활하고 있다. 그들은 한 번도 가보지 못한 베트남과 인도에 서슴지 않고 투자(해외 펀드)를 하고, 수백억 원대의 상업용 빌딩의 투자자(리츠 펀드)가 되기도 하며, 과거 세대들은 수십 년간 보기 힘들었던 한국의 종합주가지수 최고치 경신을 몇 번이나 보고 있는 세대들이다.

대한민국의 20~30대들이여, 기회는 분명히 있다. 다만 그 기회를 얼마나 잘 활용하느냐의 문제가 관건이 되는 것이다. 장기적인 투자의 성과는 시간이 많은 부분을 해결해 줄 것이다. 미루지 말고 지금이라도 당장 계획을 세워 보자. 사랑하는 가족들과 자녀들을 위해 조금만 고민하고 노력한다면 지금의 중요한 판단이 20년 뒤에 큰 행복이 될 수 있다.

재테크 설계의 필수요소, 절세

| | | | 펀드 세제와 절세형 펀드 선택하기

2007년 4월 30일, '해외펀드 투자 수익에 대한 비과세 혜택'을 담은 조세특례제한법 개정안이 국회 본회의를 통과함에 따라 시행일 이후부터 해외펀드 투자자는 비과세 혜택을 받는다. 구체적으로 살펴보면 간접투자 자산 운용업법에 의해 국내에 설정된 해외펀드가 해외 상장주식에 투자해 얻은 매매차익에 대해 2009년 12월 31일까지 비과세 혜택을 주는 것이다. 이로써 투자자들은 국내에 설정된 해외펀드 수익 중 해외 주식에 투자해 얻은 수익에 대해서도 소득세(15.4%)를 비과세받게 된다(이제까지는 국내 주식투자에만 비과세 혜택이 주어졌다). 그러면 해외펀드 비과세 혜택을 계기로 펀드와 관련된 전반적인 세제를 알아보고 세제 혜택과 투자 수익을 동시에 노릴 수 있는 소위 '절세형 펀드'를 알아보자.

국내 주식에 직접 투자할 경우 주식에서 얻을 수 있는 수익은 매매·평가손익(이하 매매차익)과 배당이다. 매매차익의 경우 비과세되며 배당의 경우 배당소득에 해당된다. 국내 채권에 직접 투자할 경우 채권에서 얻을 수 있는 수익은 매매차익과 보유기간 동안의 이자이다. 채권 또한 매매차익은 비과세되고 보유기간 동안 이자는 이자소득에 해당된다.

국내 채권형 펀드는 채권, CP(기업어음), CD(양도성예금증서), 금리선물, 기타 현금성 자산 등으로 운용되며, 채권형 펀드에서의 수익은 채권 매매차익, 금리선물 매매차익, 채권 등을 보유함으로써 생기는 이자소득으로 나눌 수 있다. 채권 직접투자시 발생할 수 있는 채권의 매매차익은 채권형 펀드에서는 과세의 대상이다. 즉, 채권형 펀드의 모든 소득은 과세표준의 대상이다. 따라서 채권형 펀드의 과표 기준가격은 펀드의 기준가격과 동일하다.

국내 주식형 펀드는 주식, 파생상품, 기타 현금성 자산 등으로 운용되며, 주식형 펀드에서의 수익은 주식 매매차익, 배당소득 및 이자소득으로 구성되며 이 중 주식매매로 인한 매매차익은 비과세가 된다. 그러므로 주식형 펀드에서의 과표 기준가격은 펀드의 기준가격과 다르다.

2006년까지만 해도 주식에 50% 이상 투자되는 펀드의 이익은 배당소득이 되었고 그 미만이면 이자소득으로 분류되었으나 2006년 12월 30일 소득세법 개정을 통하여 투자신탁에 편입된 자산의 비중에 관계없이 배당소득으로 단일화하였다. 아울러 주가지수나 개별 주가에 연동되어 수익을 지급하는 ELS나 ELF도 수익금 전액이 배당소득으로 분류되어 배당소득세와 주민세를 내야 한다.

해외펀드는 모든 수익이 과세의 대상이었다. 즉, 해외펀드는 주식 매매차익과 기타 모든 소득이 배당소득으로 분류되어 과세의 대상이 되었지만 앞서 언급한 바와 같이 국내에 설정된 해외펀드가 해외 상장 주식에 투자해 얻은 매매차익에 대해 2009년 12월 31일까지 비과세 혜택을 주게 된 것이다.

그러면 세제 혜택과 투자 수익을 동시에 노릴 수 있는 절세형 펀드를 알아보자. 먼저 장기주택마련펀드를 꼽을 수 있다. 만 18세 이상 무주택자 또는 25.7평 이하의 1주택(기준시가 3억 원 이하) 소유자를 대상으로 한다. 가입기간은 7년 이상이며, 저축 한도는 분기당 300만 원 이내다. 소득공제는 그 해 불입액의 40%, 최대 300만 원까지 가능하고 비과세 혜택을 받는다. 그러나 가입일로부터 5년 이내에 해지하면 비과세 혜택이 사라지고 소득공제를 받았던 액수만큼 물어내야 한다.

그 다음으로 실물펀드에 대해 알아보자. 주식시장이 활기를 띠면서 선박이나 부동산, 금 등 실물자산에 투자하는 실물펀드에 대한 열기가 갈수록 뜨거워지고 있다. 이 중 약 2년 전에 선보인 선박펀드는 갈수록 인기가 높아지고 있다. 선박펀드는 연 6%대의 고수익 외에도 상당한 절세 효과까지 갖춘 상품이다. 3억 원 이하 투자금액의 배당수익에 대해서도 2008년 말까지 전액 비과세되는데다 3억 원을 넘는 투자금액에 해당하는 배당수익에 대해 15.4% 원천징수 세율로 분리과세가 적용되는 혜택을 누릴 수 있다.

부동산 펀드는 조성된 자금으로 부동산 또는 부동산 관련 유가증권에 투자하여 발생하는 수익을 투자자에게 배당하는 구조를 지닌 상품으로 취득세 · 등록세 50%의 감면 및 양도소득세 비과세 혜택이 있다. 아울러 부동산 투자회사가 배당 가능 이익의 90% 이상을 배당한 경우에는 그 금액을 당해 사업연도의 소득 금액에서 공제하도록 규정하고 있어 실제로는 법인세 부담이 없다. 따라서 개인 투자자 입장에서는 배당소득세만으로 부동산에 간접적으로 투자할 수 있어 고수익뿐만 아니라 절세 효과의 혜택도 누릴 수 있다.

실물펀드 중 도로나 항만 건설 등에 투자하는 인프라 펀드는 3억 원 이하는 5.5%의 저율로 배당소득세를 내고 3억 원 이상은 15.4%의 원천징수 세율로 분리과세를 신청할 수 있다.

실물펀드가 아니더라도 낮은 세율에 분리과세 혜택이 주어지는 펀드도 있다. 정크본드(고위험 · 고수익 채권)를 일정비율 이상 편입한 채권투자 펀드인 '하이일드펀드'는 투자원금 1억 원 이하에 대해 6.4%(소득세 5% + 주민세 0.5% + 농특세 0.9%)의 우대세율이 적용되며 금융소득 종합과세에도 해당되지 않는다.

매년 5월은 종합소득세 확정신고의 달이다. 2007년에도 예외 없이 2006년 1월 1일부터 12월 31일까지의 종합소득에 대한 소득세를 자진 신고·납부했었다. 그런데 2006년에 해외펀드의 유례없는 수익률 때문에 금융소득 종합과세 대상자가 많았다. 실제로 필자에게 고객이나 지점 영업직원들의 금융소득 종합과세에 대한 문의가 많았다.

여기서 종합소득이란 이자소득·배당소득·부동산임대소득·사업소득·근로소득·연금소득·기타소득 등을 말하는데, 이번에는 금융소득 종합과세에 대해 알아보기로 하자.

먼저, 금융소득이란 위 종합소득 중 이자소득과 배당소득을 말한다. 일반적으로 이자소득과 배당소득은 이러한 소득을 지급할 때 이를 지급하는 자가 소득세를 원천징수하여 세무서에 납부하고 소득세를 차감한 잔액만을 소득자에게 지급하게 되며 소득자는 이러한 원천징수로써 납세의무가 종결되는데, 이러한 제도를 '종합과세'와 대비되는 개념인 '분리과세'라고 한다.

원래 이자소득과 배당소득은 종합소득에 포함되어 당연히 종합과세되어야 하지만 조세정책적 목적 및 세무행정의 편의를 위해 거주자의 연간 금융소득 합계액에서 비과세·분리과세되는 금융소득을 제외한 금액이 4천만 원을 초과하는 경우에는 종합소득 과세표준에 합산하여 과세하고, 4천만 원 이하인 경우에는 종합소득 과세 표준 계산에 있어서 합산하지 않고 원천징수에 의하여 분리과세로 납세의무가 종결된다. 다만, 연간 금융소득 합계액이 4천만 원 이하인 경우에도 국내에서 원천징수되지 않은 국외이자·배당소득 등은 종합소득 금액에 합산하여 과세한다. 그러나 여기서 주의할 점은 2002년 귀속 금융소득부터는 금융소득 종합과세 기준 금액 4천만 원 초과 여부를 판정할 때에 '부부합산' 이 아니라 '부부별산' 으로 한다는 것이다. 왜냐하면 2002년 8월 29일 헌법 재판소는 기혼자와 미혼자의 세무상 불평등 해소를 이유로 부부자산 합산과세를 위헌으로 판결을 내렸기 때문이다.

││││ 재테크시 세금 아끼는 방법

상품에 투자할 때 대부분의 사람들은 수익률에 신경쓰지 세금은 주의깊게 살펴보지 않는다. 그러나 세금을 얼마큼 절약하느냐에 따라 수익률도 달라진다는 사실을 잊어서는 안 된다. 여기서는 투자시 절세하는 방법에 대해서 알아보기로 하겠다.

첫째, 비과세·분리과세 상품을 적극 활용하자.

금융소득이라고 해서 모든 이자, 배당금이 종합과세되는 것은 아니다. 그러므로 세금이 과세되지 않는 비과세 금융상품을 최대한 활용하는 것이 좋다. ① 노인(65세 이상) 생계형저축의 이자, 배당 ② 장기주택마련저축의 이자, 배당(만 18세 이상의 무주택 세대주) ③ 근로자우대저축의 이자, 배당 ④ 기타 장기주식형저축의 이자, 배당 등이 있다.

다음은 분리과세하는 금융상품을 활용하는 것이 좋다. ① 세금우대저축(세율 9%+주민세 0.5%) ② 분리과세 신청한 10년 이상 장기채권 등이 있다.

둘째, 이자소득의 만기를 조정하자.

금융소득 종합과세는 매년 1월 1일부터 12월 31일까지 발생한 이자에 대해서 과세하는 것이므로 이자 지급시기를 조절하여 이자소득 귀속시기를 여러 해로 분산시키는 것이 유리하다.

셋째, 이자 수령인을 분산하자.

지금은 부부 또는 자녀의 금융자산이 합산해서 과세되지 않으므로 증여세가 최소화되는 범위(배우자 3억 원, 자녀 3천만 원) 내에서 가족에게 증여하는 것이 절세 차원에서 유리하다.

넷째, 다른 소득의 크기를 고려하여 10년 이상 장기채권 분리과세 여부를 결정하자.

10년 이상 장기채권은 본인의 신청에 의하여 33% 세율의 원천징수로써 종결시킬 수 있는 것이기 때문에 금융소득 종합과세에서 완전히 제외된다. 4천만 원을 초과하는 금융소득 금액과 다른 소득을 합하여 8천만 원 이하일 경우 종합과세 세율이 28.6%(세율 26%+주민세 2.6%)이기 때문에 분리과세 33%보다 유리하며, 금융소득과 다른 소득을 합하여 1억 2천만 원을 초과하거나 금융소득을 제외한 다른 소득이 8천만 원을 초과하는 경우에는 38.5%의 세율을 적용하므로 장기채권 금융소득자는 분리과세를 신청하는 것이 유리할 것이다.

다섯째, 주식형 펀드에 가입하라.

주식형 펀드는 원금의 손실을 입을 수 있으나 필자가 국내 주식시장을 전문가들의 의견을 바탕으로 예측하면 국내 주식시장은 2009년까지 상승할 가능성이 있다. 따라서 직접투자보다는 적은 리스크를 부담하면서도 이익을 충분히 얻을 수 있고 주식 매매차익이 과세소득에서 제외되는 주식형 펀드 투자는 수익성은 물론 절세 측면에서 좋은 상품이다.

ⅠⅠⅠⅠ 연말 정산을 통한 목돈 만들기

봄에 씨를 뿌리고 곡식을 거두듯이 대한민국의 직장인들도 유리지갑을 잘 지키고 빠져 나간 세금을 거두는 것이 연말정산이다. 지금까지 매년 실시한 '연말정산' 경험 때문에 세금에 득도한 부장부터 이제 막 입사한 신입사원까지 유리지갑을 지키는 수세적인 연말정산에서 탈피하여 공세적인 연말정산으로 목돈을 만들어서 키우는 여행을 떠나보자.

연말정산은 직장인의 세금을 정산하는 과정이다. 우리가 월급을 받을 때 원천징수된 세금은 국세청에서 발간한 간이세액표에 의해

일률적으로 징수된 것이다. 간이세액표에 의한 원천징수는 월급 수준과 부양가족 숫자만 입력하면 징수해야 할 세금을 자동으로 표시해 준다. 그러므로 개별 가정의 사정이 반영되지 않는다. 이러한 개별 가정의 사정은 직장인들이 회사에 제출하는 각종 보험료, 의료비, 교육비 등의 자료를 바탕으로 연말정산을 통해 반영된다.

제출한 자료에 의해 정확한 소득세를 산출하고 나면, 소득세와 원천징수된 세금을 비교해 과다하게 징수된 세금은 환급해 주고 부족하게 된 세금은 추가로 징수한다. 같은 연봉이라도 연말정산 준비를 어떻게 하느냐에 따라 환급받는 세액이 달라진다. 신입사원은 기껏해야 몇 십만 원이지만, 임원의 경우 수천만 원을 환급받을 수도 있다. 노력의 차이에 따라 환급액이 달라진다는 의미에서 연말정산은 국가에 강제적으로 저축한 것을 찾는 또 다른 1년 만기 적금임에 분명하다.

지금부터는 2007년에 개정되어 적용된 주요 연말정산 내용을 알아보고 목돈을 만들어 가는 과정을 알아보자.

전반적으로 세법은 근로자에게 유리하도록 개정되었다. 먼저 다자녀 가구 추가 공제가 신설되었다. 가족 수가 적은 근로자에게 추가로 공제해 주던 '소수 공제자 추가 공제'가 폐지되고 '다자녀 가구 추가 공제'가 신설됐다. 자녀가 2명일 경우 50만 원을 공제받을 수 있으며, 1명씩 늘어날 때마다 100만 원씩 추가된다. 3명의 경우 150만 원, 4명의 경우 250만 원을 공제받는다. 미혼이나 자녀가 적은 경우 불리해졌다. 미혼은 100만 원, 자녀가 1명인 경우에는 50만 원의 공제가 사라진다.

2007년부터는 성형수술, 치과의 보철 및 스케일링, 모발이식, 비만 치료도 의료비 공제 대상이다. 한의원에서 조제한 보약 등 건강 증진을 위한 의약품 구입비도 공제가 가능해진다. 단, 약국에서 구입하더라도 건강 보조식품은 해당되지 않는다. 성형수술은 쌍꺼풀 등 일반적인 수술은 물론이고 유방확대, 지방흡입, 보톡스(주름제거) 시술, 남성과 여성의 비뇨기과 성형수술도 해당된다. 지난해까지는 의료비를 신용카드로 결제하면 의료비와 신용카드 공제를 이중으로 받았지만 올해부터는 신용카드 사용액에서 의료비를 빼고 신고해야 한다. 의료비 공제는 총급여액(비과세 제외)의 3%를 초과하는 지출액만 공제 대상이다. 예를 들어 총급여가 3,000만 원인 경우 의료비 지출액이 90만 원 이하면 공제를 받지 못한다.

아울러 2007년부터는 실명(實名) 등록을 하면 무기명 기프트카드 사용액도 신용카드, 현금 영수증 발급액, 직불카드, 기명식 선불카드 등과 합쳐서 신용카드 공제를 받을 수 있다. 신용카드 공제는 작년 12월부터 올해 11월 30일까지 사용한 금액이 대상이다. 해외 사용금액과 기업 입사 전에 사용한 금액은 공제대상이 아니다. 또 부양하고 있더라도 형제나 자매의 신용카드 사용액은 공제받지 못한다.

신용카드 사용액은 총급여액의 15%를 초과한 금액의 15%를 공제받는다. 공제 한도액은 총급여액의 20%와 500만 원 중 적은 금액이다. 예를 들어 총급여액이 4,000만 원이고, 카드 사용액이 1,500만 원이라고 하자. 600만 원(총급여액의 15%)을 넘는 부분 900만 원

<h2 align="center">2007년에 달라지는 연말정산 주요 내용</h2>

분야	종전 내용	개정 내용
가족공제	소수공제자 추가 공제 제도 -기본공제 대상자 1명 = 100만 원 -기본공제 대상자 2명 = 50만 원	다자녀 추가공제 제도로 전환 -2자녀 = 50만 원 -3자녀 이상 = 추가 1인당 100만 원
의료비	진찰 · 진료 · 질병 예방만 인정	미용 · 성형수술 비용, 건강증진 의약품 구입비용 포함 ※2년간(2006. 12. 1~2008. 11. 30) 한시 적용
본인 교육비	신용카드 결제시 이중공제 허용 대학, 대학원 등록학기만 인정	이중공제 폐지 대학에 시간제 등록한 학점 취득비용 추가
취학 전 학원비	-유치원, 영 · 유아 보육시설, 학원만 대상 -1일 3시간 이상, 1주 5일 이상만 인정	-체육시설 포함 -주 1회 이상 월 단위 교습 포함
결혼 · 장례	-혼인 = 20세 이하 -장례 = 60세(여성 55세) 이상	연령제한 삭제
신용카드	신용카드, 직불카드, 기명식 선불카드, 학원비 지로 납부만 인정 연간 소득 100만 원 이하인 배우자 및 직계 존 · 비속의 사용액	무기명 선불카드를 기명화해 사용할 경우 기명식 선불카드로 인정 (2006. 12. 1 이후 사용분부터) 본인이 기본공제를 받은 배우자와 직계 존 · 비속의 사용액

에 대해 15%인 135만 원을 공제받는다.

취학 전 자녀 교육비 공제(1인당 200만 원 한도)의 대상이 확대된다. 지난해까지는 유치원과 영 · 유아 보육시설, 학원 등만 대상이었지만, 올해부터는 태권도 학원, 수영장 등 각종 체육시설 강습료도 포함된다. 교습 방식도 지난해까지는 1일 3시간 이상, 주 5일 이상 교습비에 대해서만 소득공제를 해줬다. 그러나 올해부터는 주 1회 이상 월 단위 교습비 지출도 대상이 된다. 신용카드 또는 지로로 납부한 경우 신용카드 공제, 교육비 공제, 자녀 양육비 공제를 모두 받을 수 있다.

연간 총급여액이 2,500만 원 이하인 납세자가 이사하거나 자녀나 부양가족의 혼인 또는 장례가 있는 경우 연령 제한 없이 건당 100만 원씩 공제받을 수 있다. 작년까지는 연령제한이 있었으나 올해 삭제되었다.

연말정산이 얼마 남아 있지 않는 상황에서 소득공제를 많이 받으려고 아무런 경제적 분석 없이 당장 보장성 보험 등에 가입하는 것은 현명한 방법이 아니다. 흔히 연말정산은 연말에만 신경 쓰는 것이라고 생각하는 사람들이 있는데, 이것은 아주 잘못된 생각이다. 연말은 평소 연말정산을 고려해 합리적으로 소비활동을 한 사람이 여러 가지 증빙자료를 모아 제출하는 때이다. 평소 연말정산을 염두에 두고 소비 활동을 하지 않은 사람은 연말정산 시즌에 갑자기 노력한다고 해도 성과에는 한계가 있다는 얘기이다.

아울러 직장인들이 연말정산에서 꼭 알아야 할 것은 작년 연말정산에서 빠진 항목은 올해 5월 1일부터 30일 사이에 재정산이 가능하며 그 기간이 지나더라도 2010년 2월 10일까지 경정청구를 통해 추가공제를 받을 수 있다는 점이다.

이렇게 연말정산 및 연말 상여금을 통해 들어온 목돈을 경제적 목적에 잘 사용해야 한다. 특별한 경제적 사용 목적이 없다면 목돈을 증식해야 한다. 먼저 증권사나 종금사에서 CMA(Cash Management Account, 자산관리계좌) 계좌를 만들어서 목돈을 예치하자. CMA는 수시입출금이 가능하며 연 평균 약 4%의 수익률이 가능하다. 다만 법적으로는 원금보장이 안 되지만 이 부분에 대해서는 거의 신경 쓸 필요가 없다. 이렇게 단기자금으로 운용하다가 공격적인 성향의 직장인이라면 주식형 펀드에 가입하는 것이 좋다. 주가가 조정받을 때마다 주식편입 비율을 높이자. 2009년까지는 주식시장이 큰 활황을 보일 것으로 예측된다. 좀 보수적인 직장인이라면 ELS에 가입하는 것이 좋다. ELS는 투자금액의 90% 이상을 채권에 투자하고 나머지를 옵션이나 워런트에 투자하여 거의 원금을 보장하면서 특정조건을 만족하면 정기예금의 약 2배 이상의 수익률을 낼 수 있다. 다만 ELS 등 신종파생증권은 전문가의 조언을 필히 구한 다음에 가입하자.

평생직장의 개념이 사라진 시대를 살아가는 직장인들의 삶은 팍팍하기만 하다. 직장인들은 행복한 가정을 만들고 싶은 소박한 꿈을 가지고 있지만 현실은 그리 만만치 않다. 그래도 꿈은 포기하지 말아야 한다. 행복한 부자가 되고 싶은 직장인이라면 세금에 대한 기본 상식을 가져야 한다. 재테크나 재무설계에 있어서 세금은 필수불가결한 요소이기 때문이다.

주식매매도 현금 영수증이 가능하다?

✳ 최근 들어 많은 직장인들이 주식투자를 하고 있다. 이들 직장인들은 증권사의 HTS(홈트레이딩 시스템) 등을 통해 매매를 하는 사람들이 많은데, 여기서 직장인이라면 주식매매 수수료에 대한 현금 영수증을 신청해서 추가적으로 소득공제의 기회를 노려보는 것도 좋은 방법이라 할 수 있다. 주식매매 수수료란, 주식을 매매할 때 증권사에 지불하는 수수료를 의미하는데, 이는 눈에 보이지 않게, 매매 과정에서 자연적으로 지출되는 비용인지라 개인 투자자들이 이 비용 부분에 대해 절세와 연관지어 생각하는 경우가 적은 편이다. 하지만 이도 엄연한 현금이 지출되는 부분이기 때문에, 현금 영수증을 발급받을 수 있다는 사실을 알아야 한다. 증권사별로 방법이 조금씩 다르긴 하지만 비교적 간단한 방법으로 이를 신청할 수 있으므로, 주식매매를 하는 사람이라면 지금 당장 거래 증권사에 문의를 해서 현금 영수증 등록을 하길 권한다. 그게 몇 푼이나 되겠냐고 생각하는 사람이 있을지도 모르지만, 주식시장에 관심을 갖고 있는 사람이 많은 만큼 거래내역을 통해서 지출된 수수료 내역을 보면 의외로 많은 비용이 지출된 것을 알 수 있을 것이다. ✳

4 어떤 무기로 시장에 뛰어들 것인가?

장기 투자로 안내하는 펀드시장 / 새롭게 열리는 대한민국

주식시장 키워드 / 인플레이션을 극복하는 자산 그룹 / 투자

성공에 근접하는 효율적인 투자자산 그룹 / 주가의 흐름에

연계된 상품 / 주식과 채권의 장점을 모은 전환사채

2030

시장의 변화는 상승과 하락을 끊임없이 반복한다. 이러한 현상을

단순히 바라볼 것이 아니라 시장의 변화에 따라 어떤 자산 대상에 주목

해야 하는지 알아볼 필요가 있다.

장기 투자로 안내하는 펀드시장

최근 몇 년 사이 대단한 인기 몰이를 하고 있는 펀드는 간접투자의 대표적인 상품이라 할 수 있다. 펀드의 의미를 조금 쉽게 표현하자면, 일정목적(보통은 투자 수익)을 위하여 여러 사람으로부터 모은 자금의 집합체 또는 뭉칫돈을 의미한다. 펀드(간접투자)는 투자자가 주식이나 채권 등에 직접 투자하는 직접투자와는 달리 해당 분야의 전문가가 대신 운용해 주되 투자에 따른 이익과 손실은 투자자의 몫인 투자방식이다. 기존의 은행에 돈을 맡기면, 예금이 일정한도 내에서 예금자 보호법에 의거 보호받는 예금 상품과는 개념이 다른 상품이다.

펀드가 대표적인 간접투자 방법이긴 하지만 증권회사의 랩 어카운트(Wrap Account, 자산운용 관련 서비스를 하나로 구성하여 제공하는 자산종합관리계좌), 은행이나 증권사의 신탁상품, 특수성이 인정되어 간접투자 범주에는 속하지만 간투법 적용을 받지 않는 유동화전문회사, 기업구조조정투자회사, 창업투자회사, 신기술사업금융회사 등 사실상 다양한 간접투자가 존재하고 있다.

은행예금과 펀드의 비교

항 목	은행예금	펀 드
자산운용방법	기업 등에 대출	유가증권, 실물자산 등에 투자
위험 부담	은행이 운용사의 위험 부담	투자자가 위험을 부담
원금 보장	은행이 보증	없 음
수 익	사전 확정된 금리	펀드 운용실적에 따라 변동
비 용	직접적 비용은 없음	수수료와 보수
자산운용 내역 공개	비공개	공 개

펀드의 최대 장점은 전문가에 의해 투자가 진행된다는 것이다. 지식과 경험이 상대적으로 부족한 일반 투자자들이 과거 시장 상승 시기에도 좋지 못한 실적을 올린 것에 비해, 간접투자는 전문가들에 의해 운용되기 때문에 일반적으로는 개인들이 직접투자하는 것보다는 좋은 실적을 올릴 수 있다고 보는 것이다. 하지만 다른 부분에서 다루겠지만, 사실상 펀드도 시장의 움직임을 따라가는 것은 결코 쉽지 않다. 특히 시장이 조정을 받거나 하락할 경우 대표 지수의 수익률보다 낮게 나오는 현상은 펀드 문화가 한국보다 훨씬 발달되어 있는 미국뿐 아니라 한국 시장에서도 종종 목격되는 현상이다. 따라서 펀드 투자에도 전략적 선택과 접근이 필요하다.

　　펀드의 또 다른 특징은 소액으로 투자가 가능하고, 다양한 펀드가 존재하여 선택의 폭이 넓으며, 유동성이 높아서 현금화가 빠른 상품 중에 하나라는 점이다. 또한 투자자를 보호하기 위한 구조의 투명성도 펀드의 특징 중 하나라고 할 수 있다.

| | | | | 펀드와 관련된 기관

　　펀드에 대한 상담을 받으러 금융기관에 방문하면, 펀드 관련 제안서나 상품 설명서를 받게 된다. 이 설명서를 가만히 보고 있으면 자산운용회사, 판매회사, 수탁회사 및 자산보관회사 등 일반인들에게 다소 생소한 용어가 나오는데, 이들 기관은 펀드 투자자들이 펀드에 투자함으로써 보수를 지급해 주는 회사들이다. 따라서 투자자들이 월급을 지급하고 있는 이들 기관들에 대해서 알아보는 것도 펀드를 이해하는 데 좋은 방법 중 하나이다.

　　첫 번째로 살펴볼 기관은 자산운용회사이다. 일반인들이 자주 착각하는 내용 중 하나가 펀드를 실제로 운용하는 회사와 판매하는 회사가 어딘지를 잘 모른다는 것이다. 예를 들어 국민은행 점포를 방문하여 펀드를 선택하여 투자를 하였다면, 이 투자자는 국민은행과 펀드를 연관지어 생각하게 마련이다. 하지만 사실상 국민은행은 판매창구의 역할만 할 뿐이고 운용은 다른 회사가 하고 있는 것이다.

이런 실질상의 펀드 운용을 하고 있는 곳이 자산운용회사이다. 조금 딱딱하게 표현하자면, "펀드의 설정 및 해지, 운용, 운용지시 등을 영위하는 금융기관"이라고 할 수 있다. 사실상 펀드의 투자성과에 가장 직접적으로 연결되어 있기 때문에 펀드 투자시에는 운용사의 선정이 가장 중요하다고 할 수 있다.

두 번째는 판매회사이다. 판매회사는 펀드 판매를 담당하는 곳이다. 보통 증권회사, 은행, 보험회사, 종합금융회사, 자산운용회사 등이 이곳에 속한다. 현재까지는 증권회사와 은행이 펀드 판매 활성화가 가장 잘되어 있다. 일반적으로 한 개의 자산운용회사의 펀드가 여러 개의 증권사 및 은행을 통해서 펀드를 판매하고 있기 때문에 특정 운용사의 펀드를 원한다면, 그 펀드가 판매되는 증권사나 은행들 중에서 어느 곳을 찾아가서 펀드 가입을 하더라도 동일한 펀드가 된다. 따라서 "A펀드가 B은행과 C증권사에서도 판매되던데 똑같은 건가요?"라고 질문한다면, 답변은 "네, 동일한 펀드입니다"이다.

세 번째는 수탁회사 및 자산보관회사이다. 수탁회사와 자산보관회사는 투자신탁 재산의 보관 및 관리를 주로 하는 금융기관이다. 펀드 투자자들에게는 눈에 띄지 않는 금융기관이지만 중요한 역할을 하는 곳이다. 투자자가 맡긴 자산을 보관하고, 펀드재산의 평가 및 기준가격 확인, 투자설명서의 적정성 등을 확인하는 등 펀드 운용 전반에 대한 책임과 의무를 동시에 가지고 있는 펀드의 숨은 공신 중 하나이다.

네 번째는 일반 사무관리회사와 펀드평가회사이다. 일반 사무관리회사는 투자회사 재산의 운영에 관한 업무를 행하며 투자회사로부터 위탁받은 사무 등을 행하는 기관이다. 일반 투자자들과 직접적으로 연관되어 있는 부분은 그리 많지 않으며, 위에 언급된 기관들에 비해 중요성은 상대적으로 떨어지는 기관이다. 펀드평가회사는 투자자들이 보수를 지급하는 기관은 아니지만, 펀드 선택에 중요한 도움을 주는 회사들이다. 일반적으로 시중에 판매되는 국내 및 해외 펀드들의 운용성과를 객관적인 평가척도로 등급과 순위를 부여하는 역할을 담당하고 있다. 한국에는 1999년에 한국펀드평가㈜가 설립되면서 펀드 평가의 업무가 시작되었으며 이후에 모닝스타코리아와 제로인(펀드닥터)이 생겨나면서 펀드 평가의 본격적인 시대가 열리게 되었다.

펀드 관련 기관들과 담당 역할

기 관	고유역할	기타역할	비 고
자산운용회사	자산운용 지시	운용 현황, 보고서 제공	독립계 운용회사 증권 및 은행 계열사
판매회사	펀드 판매	펀드 및 운용사 모니터링 금융시장 예측자료 제공 펀드 투자자 대상 정보 제공	증권사, 은행 보험, 자산 운용사
수탁(보관)회사	자산보관/운용 운용 감시 기능		은행
사무관리회사	기준가 계산	운용결과 분석	HSBC 사무수탁 A-brain 등
펀드평가회사	펀드평가	펀드 및 운용사 분석 펀드 동향 분석	한국펀드평가 제로인(펀드닥터) 모닝스타코리아

| | | | 적립식 펀드와 거치식 펀드의 차이점

펀드 열풍을 이끌어 갔던 펀드 투자 유형 중 하나가 적립식 펀드이다. '적립식'이라는 용어가 익숙하지 않았던 일부 일반 투자자들은 '적립식 펀드'를 특정상품인 것처럼 오해를 하기도 했다. 적립식 펀드라는 용어는 사실 저축 방법에 따른 여러 가지 분류 중에서 일정기간 일정금액을 정기적으로 투자하는 방식을 지칭하는 말이다. 따라서 "나는 적립식 펀드를 하고 있습니다."라는 말보다는 "나는 ○○○운용사의 ○○○펀드에 적립식으로 투자하고 있습니다."라는 말이 더 자연스럽다고 할 수 있다.

펀드의 저축 방법에 따라 분류를 해보면 다음과 같다. '임의식'은 저축 기간이나 금액을 제한하거나 설정하지 않고 자유롭게 입출금을 하는 방식을 의미한다. 은행의 보통예금 방식과 유사하다고 보면 된다. '거치식'은 일정기간 동안 일정금액을 투자하는 형태를 의미하

투자 방법에 따른 분류

구 분		투자 형태	은행과 비교
임의식		저축기간, 금액에 제한 없이 자유로이 입출금하는 방식	보통예금 방식
목적식	거치식	일정금액을 일정기간 저축하고 기간 내 이익금 인출이 가능한 방식	정기예금 방식
	적립식	일정기간 일정금액을 정기적으로 저축하는 방식	정기적금 방식

는데, 일반적으로 목돈 투자시 활용하는 투자 방법이며, 은행의 정기예금 방식과 유사하다고 생각하면 된다. 마지막으로 '적립식'은 일정기간 일정금액을 정기적으로 투자하는 방식을 의미하는데 은행의 정기적금 방식과 유사하다.

그런데 위의 내용을 가만히 살펴보면, 임의식과 적립식의 투자 형태는 사실상 유사해 보인다. 오히려 임의식의 경우 투자자 마음대로 금액과 시기를 조절하여 투자를 한다는 점에서 더 자유로워 보이는데, 적립식 투자가 더 알려져 있는 이유가 무엇일까?

바로 세금우대 문제와 환매수수료 면제 조항 때문이다. 우선 세금우대 문제를 살펴보자. 적립식 투자는 목적식 투자로 구분이 된다. 목적식 저축이라고 함은 세금우대가 가능하다는 것을 의미한다. 따라서 펀드로 매월 투자를 하면서 세금우대를 원한다면 적립식의 투자 형태를 선택하는 것이 유리하다.

다음은 환매수수료 면제 조항이다. 일반적으로 펀드의 경우 투자 개시 후 3개월 이내에 환매를 할 경우 이익금의 70%를 일종의 벌과금(penalty) 형태로 떼어 간다. 펀드의 특성상 수많은 사람들의 돈을 모아 중·장기적인 투자 전략을 수립하여 투자를 실행하는데, 수많은 사람들이 며칠만 투자하고 돈을 다시 빼 간다면 펀드 매니저의 입장에서는 상당한 문제가 될 수 있다. 이는 투자 수익률이 저하될 수 있어 다른 투자자들에게도 선의의 피해가 갈 수 있다. 따라서 최소 3개월 정도는 펀드에의 투자를 유도하여 펀드 운용의 안정성을 기하기 때문에 3개월 내 환매시에는 이익금의 70%를 환수하게 된다. 그런데 문제는 3개월 환매 제한을 할 경우 다른 선의의 피해자가 생길 수 있다. 바로 매월 투자를 하는 적립식 투자자들이다. 이 사람들은 사실상 1년간 매월 꾸준히 돈을 넣었지만, 마지막 3개월에 넣은 금액에서 발생한 이익의 70%를 환수당하게 되는 경우가 발생할 수 있다. 이에 운용사 측에서는 기간을 설정하고 매월 적립식 투자를 하는 투자자의 경우에는 이런 환매수수료에 대한 면제 조항을 만들어서 이익금을 보호해 주고 있다.

정리해 보면, 임의식의 형태로 펀드에 투자를 할 경우 금액도 자유롭고 기간도 자유롭다는 장점이 있는 반면, 적립식은 그런 면에서는 다소 부자유스럽지만, 기간을 설정하고 금액을 설정하여 펀드에 투자를 할 경우 세금우대 혜택과 환매수수료 면제 혜택을 받을 수 있다. 적립식 펀드의 세금우대 문제와 환매수수료 면제 조항은 일반 투자자들이 잘 모르고 넘어가는 경우가 많으므로, 이는 반드시 점검하여 본인에게 최대한 이익을 줄 수 있도록 하여야 한다.

ⅠⅠⅠⅠⅠ 펀드 가입 전 꼭 점검해야 할 보수 및 수수료

펀드의 보수와 수수료는 일반 투자자들은 건성으로 보고 넘기는 경우가 많으나, 꼼꼼한 투자자라면 반드시 점검해 보아야 하는 부분이다. 펀드의 특성상 중·장기적으로 투자하는 펀드가 많은데, 투자

기간이 늘어날수록 펀드의 수익률에 보수와 수수료의 차감으로 인하여 수익률이 떨어지는 폭은 더 커지기 때문이다.

펀드의 보수와 수수료의 내용과 수취 방법

구 분		내 용	수취 방법
보수	운용보수	펀드 운용의 대가	매일 펀드에서 수취
	판매보수	판매 및 계좌관리 서비스 등의 대가	
	수탁보수	펀드 재산의 보관, 관리, 운용 감시의 대가	
수수료	판매수수료	투자상담 및 계좌관리 서비스 등의 대가	판매 또는 환매시 일시에 지급
	환매수수료	일정기간 이전 환매시 부담하는 수수료	환매시 일시에 지급

간단히 설명하여 보수(fee)는 펀드의 투자기간 동안 지속적으로 제공하는 펀드자산 운용과 각종 서비스에 대한 대가이다. 반면에 수수료(commission)는 펀드 판매에 대한 대가로 지불하는 금액이다. 따라서 수수료는 1회성 비용 지출의 의미이고, 보수는 펀드 가입기간 동안 지불하는 비용의 개념이다. 펀드에 따라서는 보수만 비용으로 지불하는 펀드를 선택할 수 있고, 수수료와 보수를 동시에 지불하는 펀드를 선택할 수 있다. 이런 선택의 기준에는 투자기간이 중요한 역할을 한다. 보수만 지불하든 수수료와 보수를 모두 지불하든 간에 동일한 펀드일 경우에는 운용 역시 동일하게 되기 때문에 운용상의 차이가 없다. 하지만 수수료를 떼는 펀드의 경우 상대적으로 보수만 떼는 펀드에 비해 보수가 적으며 환매수수료가 없어 언제든지 환매가 가능한 장점이 있다.

앞으로 향후 주식시장이 상승한다고 가정하면 평균적으로 1~2년 이상 투자를 하는 투자자의 입장에서는 선취수수료 펀드를, 그렇지 않은 투자자는 일반 판매 보수를 징수하는 펀드에 가입하는 것이 유리하다. 여기서 유의할 점은 선취수수료를 차감하는 펀드의 경우 선취수수료를 투자 원금에서 한번에 차감하기 때문에 초기의 투자 원금은 일반 보수를 차감하는 펀드보다 적을 수 있으며, 선취수수료를 부과하는 펀드는 환매수수료가 없는 것이 일반적이나, 선취수수료를 부과하는 펀드가 반드시 환매수수료가 없는 것은 아니라는 것이다.

|||| 해외 펀드에 투자해야 하는 이유

불과 얼마 전만 하더라도 펀드 계좌수로 2가구당 1가구 꼴로 펀드 투자를 하였는데, 최근 들어서 1가구당 1계좌 펀드 투자 시대가 열렸다. 늘어난 펀드 투자자들만큼 펀드들의 수도 다양해지고 있는데, 이 중에서 해외 펀드가 차지하는 비중이 매우 커지고 있다.

이런 해외 펀드의 열풍에 가장 큰 배경이 '분산투자'가 아닌가 한다. 최근에는 글로벌 시장이 등락을 거듭하면서도 일부 국가에서는 탁월한 실적을 냈기 때문에, 분산투자를 통한 '위험 분산'보다는 분산투자를 통한 '수익률 극대화'의 경향이 강했던 건 사실이지만, 해외 투자의 본래 목적은 한국 시장 고유의 위험을 해외 투자를 통해 분산하고자 하는 것이다.

　예를 들어 생각해보자. 2007년의 경우 조선업과 금융업의 산업이 매우 좋았다. 반면에 IT산업이나 자동차 산업은 별로 재미를 보지 못했다. 이런 업종 간의 등락은 한국 시장 내에서의 업종별 분산투자로 손실을 줄일 수 있다. 하지만 2007년 한국 시장 자체가 좋지 않았다면, 업종별 분산투자를 한다 하더라도 수익률 측면에서 좋지 않았을 것이다. 이를 시장위험이라고 한다. 시장위험보다 적은 개념의 용어로 '기업 고유의 위험' 이 있는데, 이는 말 그대로 기업 자체가 가지고 있는 위험을 말한다. M&A의 위험에 시달린다든지, 부채가 많다든지, 공장에 화재가 나서 생산이 중단된다든지 하는 등의 위험은 그 기업만이 가지고 있는 위험인데, 이런 위험은 다양한 기업에 분산투자를 함으로써 위험을 줄일 수 있다. 하지만, 시장위험은 시장 전체의 위험이기 때문에 이런 위험을 줄이기 위해서는 선물(Futures) 투자나 다른 시장에의 투자, 즉 해외 투자를 해야 한다.

　해외 투자를 하는 또 다른 요인은, 우리가 갖고 있지 못한 경쟁력이나 장점을 해외의 다른 국가들이 가지고 있기 때문이다. 원유, 천연가스 등의 천연자원 등을 많이 가지고 있는 러시아, 카자흐스탄, 남아프리카공화국, 중동국가들은 한국과는 전혀 다른 국가 경쟁력으로 국가의 부를 키워가고 경제 성장을 도모하고 있다. 따라서 이런 곳에서는 한국 시장에서는 볼 수 없는 투자 기회를 노려볼 수 있다.

　향후 펀드를 통한 해외 투자의 폭은 더욱 넓어질 것이라 판단된다. 이제는 인도나 중국 등에 투자하는 펀드는 너무 일반화되었고,

최근에는 아세안 10개국, 아프리카, 카자흐스탄, 독립국가연합(CIS) 등에도 투자하는 펀드들이 속속 등장하고 있다. 해외 펀드에 대해 막연한 두려움이나 거부감을 갖기 보다는 관심을 가지고 접근을 하는 것이 좋을 것이라고 판단된다.

|||| 해외 투자 펀드의 환율변동 위험 대처하기

해외 펀드 투자시 문제가 되는 것 중에 하나가 환율 문제이다. 환율은 사실상 많은 전문가들조차 예측하기가 어려울 정도로 어려운 분야이다. 금융시장에 이해가 있는 사람들이 우리가 일반적으로 생각하는 주식시장보다 외환시장이 더 위험하다고 입을 모아 말을 하는 것만 보아도, 그 정도를 가늠할 수 있다.

가끔 일반 투자자들 중에서 나름대로 환율을 예측하여 해외 펀드 가입시 환차익을 얻기 위한 전략을 세우는 경우를 보았는데, 이는 꼭 말리고 싶은 부분이다. 해외 펀드의 특성상 단기 투자를 지양해야 하는데, 환차익을 노리는 일반 투자자들의 다수는 환율 측면에서만큼은 기간을 단기로 보는 경우가 많기 때문이다. 이는 펀드로 수익을 올리려는 목적보다는 환거래로 수익을 올리려는 행동으로밖에 보이지 않으므로, 환투자를 위해서는 다른 투자 상품을 선택하는 것이 옳을 것 같다.

해외 펀드의 환율 위험을 대체하는 방법은 여러 가지가 있겠지

만, 여기서는 개인이 해외 투자시 적용할 수 있는 몇 가지를 소개해
보고자 한다.

첫 번째, 포트폴리오 전략이다.

포트폴리오 전략은 다양한 거래 통화를 구성하는 방식을 말하는
데, 실제로 기업에서도 사용하는 전략이기도 하다. 국제 통화의 특
성상 A라는 국가와 B라는 국가가 있다면, 두 국가 중에 한 국가는
통화가 상대 통화에 비해 강세이고, 나머지 국가의 통화는 상대 국
가 통화에 비해 약세가 된다. 하지만 여러 국가의 통화를 보유하다
보면, 각 통화의 환율 변동이 서로 상쇄되는 효과가 발생하게 된다.

즉, 여러 통화의 환위험에 노출이 되어 있으면, 환위험이 자연스
럽게 감소될 수 있으며, 포트폴리오 환위험 총계는 개별적인 환위험
들의 절대적인 합계보다 적게 되는 것이다. 하지만 이 전략 역시 개
인이 크지 않은 금액으로 이용을 하기에는 쉽지 않은 전략이며, 몇
가지 한계점이 존재하기 때문에 우선적인 선택 전략이 되는 것은 피
하는 것이 좋다.

두 번째, 선물환 계약을 맺는 방법이다.

선물환 계약은 실제로 많이 사용되고 있는 환위험 관리 수단 중
에 하나이다. 아마도 해외 펀드에 관심이 있는 투자자라면 한 번쯤
은 들어봤을 만한 내용이다. 선물환 거래는 외환 거래에 대해 아주
보수적인 국내 기업들까지도 오래전부터 널리 사용하고 있는 방법
중 하나이다.

선물환 거래란 외환 거래에서 만기일이 현물환 거래의 만기일, 즉 2영업일보다 먼 미래 특정일(선물환 거래 만기일)에 특정환율(선물환율)로 한 나라 통화를 다른 통화를 대가로 사거나 파는 거래이다. 즉, 선물환 거래는 현재 이루어지지만, 실제 자금의 이동은 미래 시점인 선물환 거래 만기일에 이루어지는 거래라고 생각하면 된다. 이때 적용하는 환율인 선물환율은 현물환율에 두 통화의 이자율 차이를 반영한 스왑 포인트(swap point)를 더하거나 빼서 산출한다.

사실 내용을 더 들여다보면 복잡한 수식과 상당한 수준의 금융 지식을 요구하므로, 이해하기 쉽게 사례를 들어 간단히 설명해 보기로 한다.

겨울 스포츠인 스키를 즐겨 타던 상용 군은 스노우 보드를 타려고 마음을 먹었다. 그는 자주 애용하던 단골 가게를 방문하여 주인에게 스노우 보드를 12월에 사는데 얼마면 되겠느냐고 물어봤다. 주인은 곧 세트당 70만 원을 계산해서 내 놓았다.

상용 군은 조금 의아했다. 인터넷에서 알아본 스노우 보드의 현재 가격은 60만 원 정도였는데, 몇 개월 후에 10만 원이 그냥 오른다는 것이 잘 이해가 가질 않았다. 그러자 주인이 설명을 해 주었다.

"겨울철에는 스노우 보드에 대한 수요가 많아서 가격이 올라가겠지만, 상용 군은 단골이기에 그런 부분을 반영하지 않고 계산을 해 보자고. 내가 상용 군에게 12월에 스노우 보드를 70만 원에 무사히 넘겨주려면, 그때 혹시나 스노우 보드 가격이 폭등할 수 있으니 지금 미리 사두어서 잘 보관하고 있다가 상용 군에게 줘야 하지 않겠나?

그렇다면, 창고를 사용하는 데 드는 보관 비용이 추가될 테고, 현재 내가 스노우 보드를 구입하기 위해서는 은행에서 돈을 인출해야 하는데, 인출하게 되면 12월까지는 은행 이자 혜택을 전혀 못 받는 셈이 되는 거지. 그래서 이런 내용들을 고려하여 상용 군에게 70만 원을 이야기한 걸세."

상용 군이 12월에 이 주인에게서 70만 원에 스노우 보드를 사기로 결정하였다면, 70만 원은 12월에 받게 될 스노우 보드의 선물가격(스노우 보드의 미래가격)이 되는 것이고, 최근 가격인 60만 원과 계약을 맺은 가격인 70만 원의 차이인 10만 원이 바로 스왑 포인트가 되는 것이다.

이를 해외 펀드에 적용시켜 보면, 다음과 같다.

J국가는 A라는 통화를 사용하며, 금리는 1%이다.

P국가는 B라는 통화를 사용하며, 금리는 5%이다.

P국가의 투자자인 승섭 씨는 J국가의 펀드(해외 펀드)에 투자를 하면서 1년 선물환 계약을 맺었다. 이 경우 승섭 씨의 선물환 계약 상대자는 1년 뒤에 B통화를 승섭 씨에게 지불해야 하는데, 안전한 지불을 위해서는 현재부터 1년 뒤 계약 만기 시점까지 B통화를 보유하는 것이라 판단하였다. 그래서 계약 상대자는 B통화를 보유하여

은행에 예치하였다. 이 경우 계약 상대자는 B국가의 상대적 고금리로 인하여 높은 이자 수익을 얻게 되었지만, 승섭 씨는 반대로 5% 금리 혜택을 얻을 수 없게 된다.

따라서 현물환율과 동일한 거래 조건이 되기 위해서 A통화와 B통화의 선물환 계약기간 동안의 이자율 차이를 상호 보상할 수 있는 환율을 적용시켜야 한다. 즉 고금리 통화인 B를 운용하는 측(승섭 씨의 선물환 계약 상대자)에게는 불리한 선물환율을, 저금리 통화를 운용하는 측(승섭 씨)에게는 유리한 선물환율을 적용함으로써 금리 간의 격차에서 오는 이자 수익과 손실 부분을 평등하게 맞추어 준다. 이 경우 고금리 통화(B)의 선물환율이 현물환율보다 불리해진 교환 조건을 환율 디스카운트라 하고, 반대의 경우를 환율 프리미엄이라 한다.

결국 선물환 계약의 경우 금리차가 중요한 부분인데, 일본과 같이 한국보다 금리가 낮은 국가의 통화와 선물환 계약을 맺는 경우 평균적으로 금리차만큼 투자자는 선물환 계약만으로 이익을 얻게 되며, 미국과 같이 금리가 높은 국가의 통화와 선물환 계약을 맺는 경우 평균적으로 투자자는 금리차만큼 손실을 보게 된다.

은행 등에서 대고객 거래를 위한 선물환율을 산출하는 방법에는 다른 은행과 같은 만기의 선물환 거래로 반대 거래하는 방법과 현물환 시장과 자금시장을 통한 방법, 그리고 현물환 시장과 외환 스왑 시장을 통하는 방법 등 다양하게 있지만, 일반 투자자의 경우에는 이런 부분까지 깊이 알기보다는 해외 펀드 투자에 앞서서 선물환 계약에 대한 판매담당자와의 상담이 우선이 될 것이라 생각된다.

환위험 관리의 마지막은 펀드 자체가 환위험 관리가 되는 것을 선택하는 것이다. 어떤 관점에서 보면 이 방법이 제일 무난한 방법이 될 수 있으며, 실제로 환율 문제로 인하여 동일한 지역이나 국가에 투자하는 해외 펀드가 있다면 환위험 관리가 자체적으로 되는 해외 펀드를 선택하는 경우를 많이 보았다.

우선 펀드 자체가 환위험 관리가 된다는 것은 다른 말로 바꾸면 펀드 자체가 환 헤지(hedge)가 된다는 것을 의미한다.

이런 해외 펀드는 해외 운용사가 운용하는 역외 해외 펀드는 해당되지 않으며, 국내 운용사가 운용하는 역내 해외 펀드에 해당된다. 하지만 역내 해외 펀드라고 해서 모든 펀드가 자체적으로 환 헤지 기능이 있는 것은 아니다. 또한 환 헤지가 자체적으로 된다고 하더라도, 통화를 이중으로 바꿔야 하는 경우나 유사한 통화로의 간접 헤지시에는 환 헤지 효과가 사실상 줄어들 수 있는 부분이 있다.

국내 운용사의 해외 펀드도 최근의 운용 실적을 살펴보면 해외 유명 운용사의 펀드에 결코 뒤처지지 않는 성과를 보이고 있는 점을 감안하면, 환 문제 때문에 고민을 하고 있는 분이라면 국내 운용사의 해외 펀드 중에 자체적으로 환위험 관리가 되는 펀드에 가입을 하는 것도 좋은 방법이다.

좋은 펀드 고르는 법

❋ 일반적으로 많은 사람들은 수익률이 좋은 펀드일수록 좋은 펀드라고 생각하고 있다. 하지만 이는 일부는 맞는 이야기일 수 있지만, 일부는 잘못된 이야기가 될 수 있다. 앞에서 언급하였지만, 수익률상에서 같은 100만 원을 투자했을 때 어떤 펀드는 수익이 나면 +50%가 나지만, 손실이 나면 −50%가 되는 펀드가 있다. 또 다른 펀드는 수익이 나면 +10%가 나지만, 손실이 나면 −10%밖에 나지 않는 펀드이다. 이 두 펀드를 몇 년간 투자했을 때에 수익이 날 때 50%가 나는 펀드보다는 깨질 때 −10%밖에 손실이 나지 않는 펀드가 수익이 더 좋다. 이는 금융시장에서 성립하는 "+100%=−50%"의 등식 때문에 그렇다. 100%의 수익을 내는 것만큼 중요한 것은 −50%를 막는 것이다. 즉, 투자시에는 수익을 내는 것도 중요하지만 위험관리를 하는 것이 더욱 중요하다는 것을 보여주는 예라 할 수 있다.

좋은 펀드라고 하는 것은 수익은 가장 높게 나오고 손실은 가장 적게 나오는 것이겠지만, 현실적으로 이런 펀드는 드물다. 따라서 투자자의 입장에서는 지속적으로 상위 20~30% 안에 드는 펀드에 투자하는 것이 가장 좋은 방법이다. 1등 펀드는 아니지만, 상위에 꾸준히 랭크되어 있으면서 상승 시장이나 하락 시장에서 꾸준한 수익을 내는 펀드가 좋은 성과를 가져다 준다는 사실을 명심하자.

새롭게 열리는
대한민국 주식시장 키워드

2004년도의 일이다. 각 증권사의 리서치 센터에서는 연일 2005년부터 주식시장의 새로운 시대가 열릴 것이라는 장밋빛 전망을 앞다투어 내놓기 시작했다. 증권사 내부 분위기 역시 역사적 고점의 돌파에 대한 희망에 크게 낙관을 하는 분위기였고, 과거의 투자자들이 보지 못했던 새로운 시대를 경험할 수도 있다는 생각들이 널리 확산되고 있었다. 필자 역시 당시 주변 지인들뿐 아니라 연말 모임에 나가서도 계속하여 주식을 투자하거나 펀드를 투자할 때라고 앵무새처럼 같은 말을 하곤 하였다.

그때의 반응은 그리 좋은 편은 아니었다. 인터넷 포털 사이트의 게시판을 보아도, "증권사가 주식 사라는 거 보니까 꼭지로군…….", "주식은 직접투자를 하나 펀드로 간접투자를 하나 집안 재산 말아먹는 지름길이야."라는 등의 부정적인 시각이 상당히 많았으며, 과거의 유경험자를 제외하면 사실상 주식시장의 미경험자의 신규 계좌 개설은 그리 많이 생기지 않았다.

하지만 2005년에 보란 듯이 증시는 최고가를 달성하게 되었고, 896포인트에서 시작한 2005년의 종합주가지수(KOSPI)는 1,383포인트로 마감하면서 50%가 넘는 지수 상승률을 기록하게 되었다. 증권사마다 증권사 직원(브로커)들이 관리하는 고객들의 평균 수익률이 100%를 넘는 사례가 발생하기도 하였고, 국내에 투자하는 주식형펀드들 중에서도 연 수익률 100%가 넘는 펀드들이 탄생하게 되었다.

2006년에는 한국 증시가 전년도의 상승으로 인하여 잠시 주춤하였지만, 2007년에 들어서는 다시금 2,000포인트라는 경이적인 지수 상승률을 보였다. 무엇 때문일까? 무엇 때문에 한국 증시가 최근 몇 년 사이에 다른 모습으로 변모를 하고 있는 것일까? 과거의 주식시장을 경험하지 못했거나, 과거 주식시장에 대해 잘 모르고 있는 사람이 보기에는 2003년 이후의 5년간 증시가 지속적으로 상승중이라는 것이 매우 매력적인 부분이 될 수 있지만, 경험을 해 본 사람들에게는 아직도 멀게만 느껴질 수 있는 것이다. 그러면 과연 현재의 주식시장을 어떤 시각에서 바라봐야 하는 것인지에 대해서 한번 알아보도록 하자.

해방 후 일제시대에 생긴 조선증권거래소가 해산되고, 증권거래소의 개설을 희망했던 업계 종사자들의 염원을 담아 1949년 국내 최초의 증권회사인 대한증권 주식회사(후에 교보생명에 인수되어 교보증권으로 개명)가 설립된다. 그 당시 언론이나 일반인으로부터 "허가 받은 도박장"이라는 놀림을 받으며 출발하였지만, 조선증권거래소 이후의 허가 받은 장소의 탄생은 곧이어 고려, 영남, 국제 증권 등의 출범을 앞당기는 계기가 되었다. 이렇게 시작된 한국 증권시장의 역사는 시대의 흐름에 따라 1970년대 중동 건설 붐에 의해서 건설과 무역 기업의 주가 폭등을 시작으로 많은 국민들의 기쁨과 슬픔이 공존하는 곳으로 자리 잡혔다.

1970년대는 중동 특수가 최고를 이루던 시대였다. 당시 중동에 파견 근무를 나간 아버지를 둔 아이들은 지금은 보기 드문 중동 지역의 학용품들이나 장난감 등을 들고 다니기도 했었다. 당시의 성장 업종은 지금의 IT나 생명공학 분야가 아닌 건설업과 무역업 분야였다. 건설, 무역이라는 단어가 회사명에 들어가 있으면 주가가 급등하기 시작하였고, 주식시장에 상장하지 못한 기업들은 장외시장에서 비싼 가격에 매매되기도 하였다. 하지만 세법 개정에 따른 대주주 지분이 나오면서 건설주의 주가는 급락세를 보이기 시작하였고, 곧이어 주가들은 내리 곤두박질을 치기 시작하였다. 뒤늦게 동참한

개인 투자자들은 팔 기회조차 없이 투자 대금의 대부분을 날리기도
하였다.

　1980년대에는 국민주가 있었다. 당시의 대통령인 노태우 대통령
은 국영기업의 민영화를 통해 국민들의 재산 증식을 도와주겠다는
공약을 내걸었고, 당시의 대표적인 국영기업이었던 POSCO와 한국
전력 등이 민영화되면서 국민주로 보급이 되었다. POSCO는 가구
당 7주가 배정되었으며 가격은 15,000원에, 한국전력은 가구당 6주
가 배정되었으며 가격은 13,000원에 나왔다. 당시 국민주 청약의 목
적에는 정치적인 표심 얻기가 배경에 있긴 하였지만, 국민들로 하여
금 장기 투자를 유도하기 위한 목적도 있었다고 한다. 하지만 많은
국민들이 단기적인 차익을 내고 팔게 되었다. 2007년 현재까지
POSCO를 19년 보유하고 있었다면 배당 수익을 제외하고도 주가
상승 차익으로만 2,526%의 수익을 낼 수 있었다. 당시에 국민주 배
정을 포기하는 사람들에게서 주식을 더 끌어 모았던 사람들이 있었
는데, 실제로 현재까지도 이 국민주를 보유하고 있는 사람이 있다.
　1980년대의 또 다른 이슈는 트로이카 붐이었다. 트로이카 붐은
건설, 무역, 금융 관련 주식들의 상승시기를 의미하는데, 1970년대
의 건설주가 중동 호황의 혜택을 받았다면 1980년대에는 '집 대통
령'이라 불리는 노태우 대통령의 주택 200만 호 건설 사업의 혜택을
받았던 시기였다. 무역과 금융 역시 산업개편과 교역호조로 인한 호
황 등에 힘입어 상승을 넘어서 과열 국면까지 치닫기도 한 시기였

다. 1989년 4월 1일의 종합주가지수는 1,007.77을 기록하였고, 럭키세븐을 나타내는 777의 숫자는 주식 투자자들로 하여금 장밋빛 희망을 꿈꾸게 하였고, 증권사 곳곳에서 샴페인을 터뜨렸다. 하지만 이는 곧 하락의 시작을 알리는 신호탄이었고, 종합주가지수는 바로 반토막이 나게 되었다. 그 당시의 하락으로 인해 정부는 강제적인 증시 부양 대책을 발표하였다. 대한투신, 한국투신, 국민투신으로 하여금 한국은행에서 돈을 빌려다 주식을 사라는 내용이었는데, 거품이 가득한 시장은 정부의 자금으로도 통하지 않았기에 주가는 잠깐의 주춤거림을 끝으로 하락의 길에 들어섰고, 대한투신, 한국투신, 국민투신 역시 한국은행에서 빌린 돈으로 인해 결국에는 주저앉게 되었다.

1980년대 후반의 종합주가지수 1,000포인트 도달의 이면에는 유가 하락이 크게 기여하였다. 또한 레이건 정부의 강한 달러 정책으로 인하여 경상수지 적자폭이 확대되자, 후에 플라자 합의를 통하여 약한 달러 정책으로 전환하게 되면서 일본의 엔화를 상대적으로 강한 화폐로 만들게 되는데(이는 후에 미국의 짐을 일본과 독일에 덮어 씌운 것이라는 비판을 받게 되었으며, 일본은 플라자 합의 이후 얼마 지나지 않아 '잃어버린 10년'을 맞이하게 된다), 당시에도 일본과 수출 경쟁국가였던 한국에게는 일본의 화폐가 강세가 되었다는 부분에서 가격 경쟁력을 키울 수 있게 된다. 저달러, 저유가, 저국제금리는 3저 호황이라 불리게 되었으며, 이 3저 호황으로 주식시장의 1,000포인트 달성뿐 아니라 당시의 국내 유수의 기업들이 대기업으로 업그레이드

되는 계기를 마련하게 된다.

　1990년대는 외국인에게 주식시장의 문호를 개방한 시대였다. 이전에는 현재의 중국 시장과 일부 유사하게 외국인에게 보유 한도를 설정하였으나, 이를 1990년대 들어서 철폐한 것이다. 외국인들이 몰려들기 시작하면서 PER(주가수익비율)라는 개념이 도입되기 시작하였고, 이 PER가 낮은 기업들의 주가가 폭등하는 시대가 열리게 된 것이다. 후에는 경기침체와 기업들의 자금난으로 인하여 주가와 PER가 오히려 반대로 움직이게 되는 현상이 발생하였고, 이런 PER의 단점을 보완하기 위하여 EBITDA(이자, 세금, 감가상각 차감 전 이익)나 EVA(경제적 부가가치)의 개념이 도입되었다. 이런 개념의 도입은 주식시장의 변화를 가져온다. 과거의 경우 건설주가 오르면 건설 업종에 관련된 주식들이 모두 오르던 것과 반대로, 저평가되어 있는(PER나 PBR이 낮은) 기업들이 주로 오르는 현상이 나타나게 되었고, 특히 외국인들이 이러한 투자 전략을 이용한다는 소문이 나기 시작하면서 이런 저평가 기업들의 매수세는 더욱 두드러진 양상을 보였다.

　저PER주 혁명의 중심에는 태광산업과 SK텔레콤이 있었으며, 이들은 황제주로 군림하게 된다. 1980년대의 3저로 인하여 기업이 업그레이드되었지만, 기술 경쟁력이나 연구 개발보다는 문어발식 확장과 부동산 투자, 과도한 부채 등으로 기업의 본질 가치가 빛을 바래게 되었고, 결국에는 IMF 구제금융 시대를 맞이하여 피 눈물 나는 사상 초유의 기업 구조조정 시대를 맞이하게 되었다. 당시 구조조정은 기업에만 국한된 것이 아니고 가계부터 정부까지 대한민국 전체의 구조조정을 의미하는 것이었다.

1990년대의 전 국민이 잊지 못하는 사건이 하나 더 있다. IMF 구제금융 시대이다. 외환위기라고도 하는데, 외환위기의 시작은 외국인들의 투자자금 회수부터 시작된다. 실제로 한국에서의 외환위기 이전에 이미 위험에 대한 경고가 지속적으로 나오고 있었다. 종금사로부터 시작된 금융기관의 위기는 투신사, 증권사, 은행 등에까지 이르게 되었다. 우량주의 대표주자인 삼성전자는 1998년 9월 32,600원을 기록하였으며, SK텔레콤은 2만 원대에 머무르고 있었다. 당시에는 주식을 사라는 이야기는 감히 꺼내지도 못할 정도로 증시가 좋지 않았으며, 주식뿐 아니라 불패 신화인 부동산의 가격도 하락했던 시기였다.

이런 분위기에서 1999년 현대증권의 이익치 회장은 그 유명한 '바이 코리아(Buy-Korea)' 펀드를 선보였고, "한국 경제를 확신합니다"라는 문구로써 국민들의 애국심을 자극하는 마케팅을 선보였다. 가뜩이나 금 모으기 운동으로 국민들이 국가에 대한 정성을 쏟고 있던 시기에, 한국의 경제에 도움이 될 것만 같은 바이 코리아 펀드는 11조 원이라는 큰 규모의 자금을 모을 수 있었다. 최근 국내의 초대형 펀드의 규모가 대부분 1조 원을 조금 넘는 수준이라는 것을 감안하면 그 당시의 주식시장 문화에서는 굉장한 문화적 충격이었다고 볼 수 있다. 이후 현 미래에셋의 박현주 회장은 박현주 펀드를 판매하면서 국내 최초의 뮤추얼 펀드의 시대를 열었지만. 박현주 펀드 1호의 경우 투자자들에게 큰 이익을 안겨준 반면 2호는 큰 손실을 기록하게 되었고, 바이 코리아 펀드 역시 이익치 회장이 주장한 2000년대 6,000포인트 상승 예언과는 달리 주가가 다시 반토막으로 나면서 후발 가입자들에게는 큰 손실을 안겨주었다.

1990년대 또 다른 이슈는 코스닥 열풍이다. 코스닥(KOSDAQ: Korean Securities Dealers Automated Quotation)은 1996년 7월 1일 거래소시장(KOSPI)에 상장하기 위한 예비적 단계였던 장외시장의 기업들의 자금을 원활하게 돕고, 투자자들로 하여금 투자기회의 폭을 넓히게 하고자 미국의 나스닥(NASDAQ)을 참고하여 신설한 시장이다. 기존의 대기업 중심의 성장 전략에서 오는 불균형을 해소하고자 도입하였지만, 코스닥(KOSDAQ) 시장 개설과 함께 주식시장에 있어서 코스닥 시장 투자 광풍을 몰고 오는 계기가 되었다.

코스닥 시장의 열풍은 솔본, 다음, 골드뱅크 등 당시 사람들에게 너무나 익숙한 기업들이 주도를 했다. 직업란에 '벤처기업가' 라고 쓰어 있는 사람은 최고의 결혼 상대자 1순위였으며, 강남의 테헤란로는 제 2의 실리콘 밸리라 할 만큼 벤처기업들이 우후죽순처럼 들어서기 시작하였다. 코스닥 기업에 대한 열풍이 전국을 휩쓸기 시작하면서 코스닥 시장에 상장을 하진 않았지만, 자금을 조달하기 위해서 프리코스닥 시장(현재의 프리보드-코스닥 시장보다 더 고위험·고수익 시장)이 존재했는데,이런 시장에까지 자금이 몰리기 시작하였다. 지금 들어보면 말도 안 되는 기술들부터, 겉으로만 벤처기업인 회사들도 있었다. '인터넷'이라는 단어만 들어가 있어도 사람들의 관심을 한 몸에 받는 현상이 나타나기도 하였다. 이 당시의 코스닥 열풍을 외환위기 이후 급속한 발전 과정에서 발생한 전형적인 투기 현상의 부산물로 보는 시각도 있다.

⏐⏐⏐⏐ 2000년대, 새로운 주식시장의 문은 열리는가?

2005년 종합주가지수(KOSPI) 1,000포인트 돌파 이후 본격적인 1,000포인트 시대를 맞이하였다. 1,000포인트를 갓 넘었을 때에도 일부 투자자들은 종합주가지수가 반토막이 나는 것 아니냐는 우려 섞인 목소리를 내곤 하였는데, 증권업계 쪽에서는 사실상 현재를 과거와는 다른 증시가 한 단계 업그레이드된 상태로 판단하고 있다. 하지만, 이 업그레이드된 상태에서 언제 다시 레벨 업이 될 것인지에 대한 판단은 의견이 분분하다.

미국의 다우지수는 1,000포인트 돌파 후 15년(171개월) 후에 2,000포인트를 돌파하였고, 일본의 니케이225지수는 10년(117개월) 후에 2,000포인트를 돌파하였다. 이후 미국은 13년간 485%의 지수 수익률을, 일본은 20년간 1,846%의 지수 수익률을 기록하였다. 최근 미국의 다우지수는 다시금 신고가를 경신하여 13,000포인트를 갱신하였으며, 일본은 17,000포인트대에서 머무르고 있는 상태이

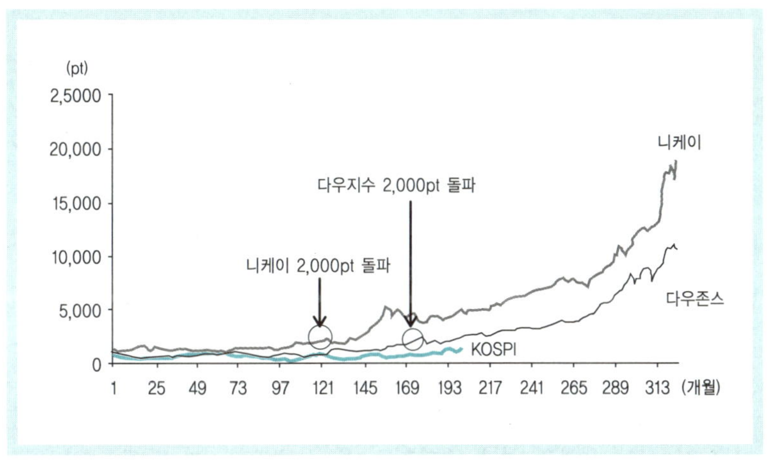

다. 선진국의 사례를 보아도 1,000포인트 시대에 도달한 후 다음 단계로 레벨 업이 되기까지는 적게는 몇 년에서 많게는 십여 년이 넘는 시간이 소요되었기 때문에 한국 증시가 1,000포인트 시대에서 몇 년간 주춤거린다 해도 크게 이상하지 않다.

하지만 한국의 경우에는 매력적인 부분이 몇 가지 있다. 저평가된 시장이면서, 향후 증시로의 자금 유입이 기대되기도 하며, 외국인들의 지속적인 관심을 받고 있는 시장이라는 등의 이유가 그것들이다.

┃┃┃┃ 저평가된 한국 시장, 아직도 충분히 매력 있다

우선 저평가된 부분을 알아보면, 한국 증시의 PER(주가수익비율)는 10~11배 수준에 머무르고 있다. PER이란 가격(Price)을 주당 순이익(EPS : Earnings per share)으로 나눈 비율(Ratio)을 의미한다. 즉 P/E Ratio를 뜻한다고 할 수 있다. PER가 낮다는 것은 분자인 Price(가격이나 현재 주가)가 낮은 상태이거나, 분모인 EPS(주당 순이익 : 순이익을 발행 주식수로 나눈 것)가 높은 상태를 말한다. 기업의 예로 들자면, 회사가 돈을 잘 벌 경우 순이익이 커지게 되어 EPS가 높아지는 것이고, 기업의 현재 주가가 낮을 경우 Price가 낮게 나와 PER가 낮아지게 된다. 따라서 돈을 잘 버는데, 주가가 높지 않을 경우 PER가 낮게 나오게 되므로 이를 '저평가' 된 상태라고 말한다.

아시아 국가의 PER가 대부분 10배가 넘어가고 일본 등의 경우 20배가 넘어가는 것을 감안하면, IT와 조선 등의 강국이면서 세계 유수의 글로벌 기업을 보유하고 있는 한국이 상대적으로 낮은 평가를 받고 있는 것이라 할 수 있다. 만약 당신이 글로벌 투자자이면서, 회사의 방침으로 인해서 아시아 시장에 반드시 투자해야 한다면, 어느 국가에의 투자를 고려하겠는가? 아시아 시장 중에서 상대적으로 비싼 평가를 받고 있는 국가에 투자를 하겠는가? 아니면 상대적으로 싼 평가를 받고 있는 국가에 투자를 하겠는가?

이뿐만이 아니다. 한국은 자체적으로도 과거에 비해 현재가 싸게 평가되어 있는 상태이다. 1990년대 이후 한국의 평균 PER는 20배

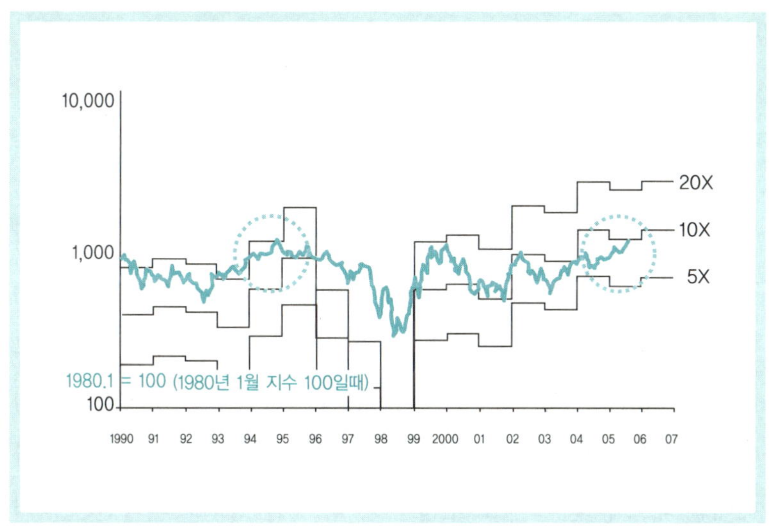

가 넘는 수준이지만, 최근의 PER는 9~11배 수준에 머무르고 있다. 과거에 종합주가지수가 1,000포인트에 도달하였을 때의 PER는 대부분 20배에 가까웠으나, 2005년 1,000포인트 돌파시의 PER는 10배 수준이었다. 이를 쉽게 표현하면 과거의 1,000포인트 돌파 시기에는 잘 벌지는 못하는데(분모인 EPS가 낮음), 가격이 높아서 1,000포인트를 도달(분자인 Price가 높음)한 상태였으나, 2005년 1,000포인트 돌파 시기에는 국가 전체적으로 잘 버는데(분모인 EPS가 높음) 1,000포인트를 돌파한(분자인 Price가 낮음) 경우에 해당되는 것이다. 즉, 예전에는 돈도 못 벌면서 온 몸에 명품을 휘감고 다니며 부자인 척한 셈이고, 최근에는 돈을 잘 벌지만 옷을 검소하게 입고 다녀서 다른 사람들이 부자인 줄 잘 모르는 상태인 것이다.

| | | | 외국인들의 주목을 받을 만한 시장

　최근 증권학회와 증권연구원에서 연구한 결과에 따르면 증권시장에서 공개하고 있는 정보 가운데서 외국인 투자자의 순매수 및 순매도 상위 종목은 다음날 해당 종목의 주가 형성에 영향을 미친다고 한다. 최근에는 덜한 편이지만 외국인 투자자들의 관심 종목은 주식 투자자들에게 늘 관심의 대상이었고, "적어도 외국인 종목을 따라 매매만 해도 큰 손실은 보지 않는다."라고 할 정도로 외국인은 주식시장에 있어 상위권에 속하는 것으로 알려져 있다. 세계 33개국 주식

외국인 투자 기업과 외국인 비투자 기업의 주가 추이

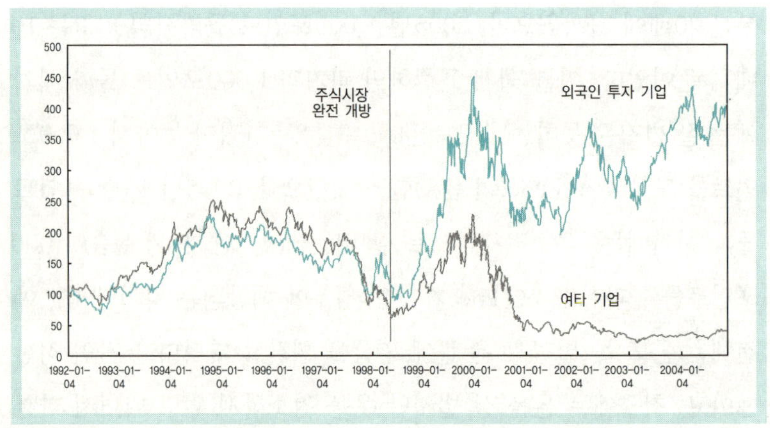

시장 중에서 우리나라의 외국인 투자 비중은 한국 주식시장의 37%에 이르며, 이는 세계적으로 9위 정도가 되는 것으로 알려져 있다.

외국인들의 영향력은 비단 증시에만 영향을 주는 것이 아니다. 지난 수십 년간 한국 경제의 주도권이 정부와 대기업 등에 있었지만, 최근에는 외국인이 그런 위치를 파고들고 있는 것이다. 물론 이런 과정에는 외자 유치와 구조조정 등의 급격한 사회 및 경제적 변화가 일조를 하고 있지만, 이 또한 세계적인 추세 중 하나라고 보는 의견도 있다. 2004년에는 국내 굴지의 대기업인 SK가 외국계 자본인 소버린(Sovereign, 모나코의 자산운용 회사)의 적대적 M&A에 노출된 적이 있었는데, 이 사건은 당시 상당한 충격을 주는 사건이었다.

이런 대한민국에 대한 외국인들의 참여는 일반 국민들에게도 많은 변화를 주고 있다. 외국인의 영향력이 커진 이후로, 한국 국민들은 언제부터인지 뉴욕의 주가와 미국 연방준비위원회의 금리 인상 및 인하 여부에 관심을 가지고 지켜보게 되었으며, 주주의 권리에 대한 인식이 보편화되기 시작하였다.

국가의 경제 및 사회 체계에 변화를 줄 만큼의 영향력을 가지고 있는 외국인 투자자들의 자본은 주식시장에서는 상당히 중요한 것이다. 실제로 한국 주식시장이 완전히 개방되기 시작한 이후, 외국인이 투자한 기업과 투자를 하지 않은 기업들의 주가 추이는 극명하게 드러나고 있다. 단순히 외국인 투자 기업에만 투자를 했다면 이익을 볼 수 있을지 모른다는 추측이 실제로도 가능할 수 있다는 것을 보여준 사례가 되는 것이다. 외국인의 관심 정도는 향후 주식시

장을 판가름하는 중요한 요소가 된다는 것을 염두에 두어야 하며,
외국인의 한국 시장에 대한 지속적인 러브 콜에 대한 의미도 한번
생각해 봐야 할 것이다.

| | | | 증시로의 자금 유입 증가로 수익화 증대

국민의 많은 수가 가입되어 있는 국민연금은 증시에 지대한 영
향을 줄 수 있는 큰손의 역할을 하고 있다. 하지만 아직은 한국의
국민연금을 비롯한 많은 연금 기금들이 주식 투자에는 소극적인 상
태이다.

이는 한국뿐 아니라 일본의 경우도 마찬가지이다. 일본의 경우
해외 투자 금액은 미국보다 규모가 크지만, 소득의 대부분은 해외
채권 투자 등으로 인한 이자가 대부분이다. 미국은 반대로 대부분이
주식, 실물자산 등에 투자하여 얻게 되는 자본 이득의 비중이 크다.
일본은 대부분의 자산이 미국 국채에 70% 정도 투자되어 있으며,
세계 최대의 연기금 규모(160조 엔)에도 불구하고 2006년부터 현재
까지의 투자 실적은 3.6% 수준에 이를 정도로, 국제적으로 자금 운
용을 못하는 국가로 알려져 있다.

최근 국제적 추세가 변화하고 있다. 전 세계 중앙은행들의 경우
를 보아도 과거에는 중앙은행이 보유하고 있는 외환 보유고를 자국

의 금융시장 안정화를 위해 사용하였기 때문에, 안정성이 높은 미국 국채를 매입하는 것이 전부였다. 하지만 최근 미국의 달러 가치가 추락하기 시작하면서 달러 비중을 축소하고 포트폴리오를 다변화하려는 노력을 하고 있다. 이에 이들 자금이 주식을 비롯하여 실물자산, 기타 투자자산 등에까지 넓혀질 것으로 예상되고 있다.

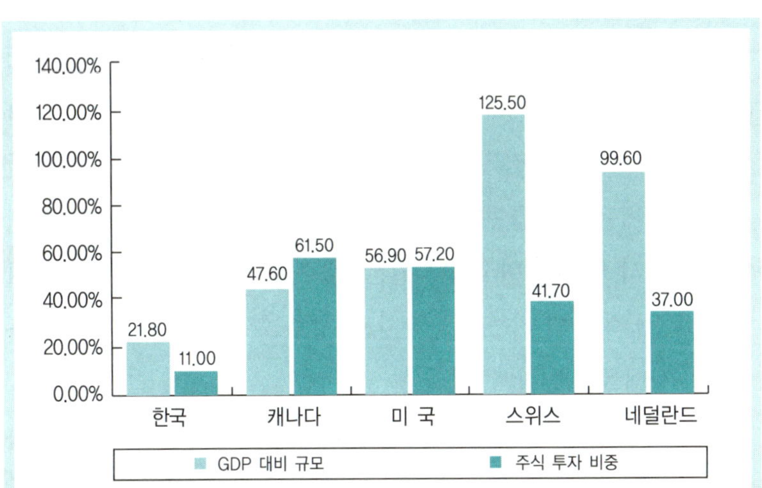

국민연금과 선진국 연금의 규모 및 주식 투자 비중

우리나라 국민연금의 GDP 대비 규모는 21.8%로 선진국들과 비교하여 매우 적은 수준이다. 그리고 국민연금의 주식 투자 비중은 11%로 다른 나라의 1/3~1/5 수준에도 못 미친다. 이에 국민연금도 향후 주식 투자에 대한 비중을 늘릴 것이라는 계획을 밝혔다. 당장 2007년에는 5조 8천억 원 정도의 자금을 투자하고, 2011년까지는

8.3조 원을 순매수할 것으로 전망되고 있다. 국내 주식 투자 규모는 2006년 말 22조 원에서 2011년 말 79조 원으로 연율 29.6%의 성장이 예상되며, 이에 국민연금은 향후 주식시장에서의 안정화나 수익성 측면에서 상당히 긍정적인 영향을 줄 것이라 판단된다.

다음으로 거론되는 유동성 자금은 퇴직연금 자금이다. 퇴직연금 제도는 한국의 경우 2005년 12월부터 시행되었다. 퇴직연금 제도는 크게 향후 퇴직금의 예측이 가능한 확정급여형(DB형)과 펀드와 같이 퇴직금의 규모에 변동이 생길 수 있는 확정기여형(DC형) 등으로 나누어 볼 수 있다. 금융감독원의 최근 퇴직연금 영업 실적을 보면 한국의 경우에는 확정급여형(DB형)의 비중이 더 크다. 우리보다 퇴직연금을 미리 도입한 미국이나 일본, 호주 등의 사례를 보아도 초기에는 확정급여형의 비중이 높았지만, 향후 확정기여형의 비중이 높아지는 사례를 확인할 수 있다.

미국의 경우 1978년 과세 혜택의 지원을 담은 미국 내국세법(IRC) 401조 K항이 추가된 후 82년 시행되면서 DC형으로 기업들이 몰려들었다. 이 IRC의 세제조항을 딴 401K는 DC형의 대표 연금으로 자리 잡았다. 특히 미국 정부는 기업에 혜택을 주는 동시에 근로자에게도 세제 혜택과 금액의 일정부분을 지원해 주면서 DC형으로 근로자들의 자금을 유도했고, 결과적으로 401K에 몰린 대규모 자금은 뉴욕 증시를 부양하여 주식시장은 10배 이상 상승하게 된다.

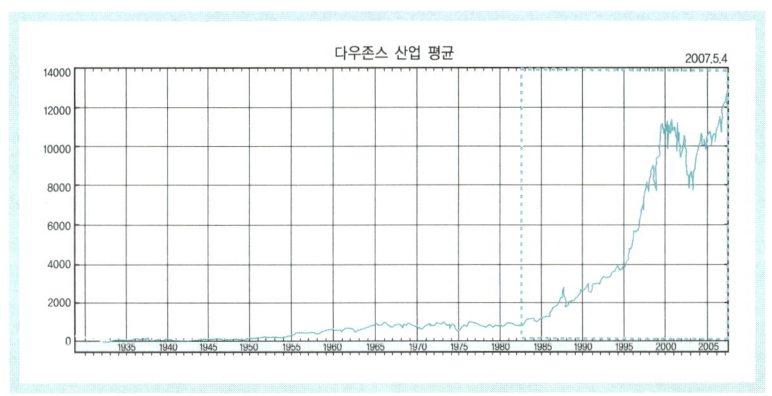

마지막으로는 적립식 펀드와 변액보험 자금의 증시 유입이다. 변액보험의 경우 계약기간이 중·장기가 대부분이기 때문에, 사실상 판매가 늘어날수록 증시의 안전판 역할을 톡톡히 할 수 있다. 적립식 펀드 역시 시장의 등락에 일부 영향을 받긴 하지만, 자금 유입이 꾸준히 되고 있기 때문에, 증시에 긍정적인 역할을 할 수 있는 것이다. 향후 간접투자 시대가 더욱 확대될 것이라고 보는 의견이 지배적이기 때문에, 이들 자금의 유입 속도는 더욱 가속도가 붙을 것이라 판단되며, 이럴 경우 펀드나 변액보험 특별계정의 특성상 지수 전체를 끌어올릴 수 있을 정도로 매수세의 역할이 가능하다고 판단된다. 장기 투자를 하는 투자자가 늘어날수록 시장도 장기 투자가 가능한 환경 조성이 가능하다는 것이 같은 맥락이라고 볼 수 있다.

||||| 증시에 긍정적 요소, 경제 안정성장과 저금리 시대 돌입

일반적으로 많은 사람들이 주식시장이 상승하기 위해서는 경제성장률이 높아야 한다고 생각을 한다. 중국과 같이 연 평균 10%대에 가까운 국가(실제로 중국의 경우 1980년 이후 연 평균 9.8%의 성장률을 기록)의 경우 투자 매력이 높을 것이라고 생각하는데, 사례를 보면 그렇지 않다. 오히려 주가는 안정성장 국면에 접어들면 큰 폭으로 상승한다.

예를 들어 개발도상국의 경우 경제성장률의 변동이 심하겠지만, 오를 때는 어느 정도 높은 수치를 기록해 주는 모습을 보여줘야 '국가가 성장을 하고 있구나' 라고 생각을 할 수 있다. 하지만 선진국의 경우 경제성장률의 변동폭이 커서 한 해는 10%의 상승을 보였다가 다음해에는 마이너스의 성장률을 보인다면, 이는 투자 대상 국가로써의 매력이 현저하게 떨어지게 된다. 경제성장률이 꾸준하지 못해서 기업들의 실적도 등락이 심하고, 가계의 소득 수준도 꾸준히 높아지는 것이 아니라 좋을 때는 무척 좋고 안 좋을 때는 손가락을 빠는 처지라면 그 누구도 이런 국가를 좋게만 보지는 않을 것이고, 선진국이라고 생각하지도 않을 것이다.

실제로 일본의 경우 1970년대까지는 현재와는 전혀 다른 고성장 국가였다. 평균성장률이 10.6%로 그야말로 거침없이 질주하는 고성장 국가였다. 당시 일본의 주가(NIKKEI 225)를 보면 2.8배 정도 상승

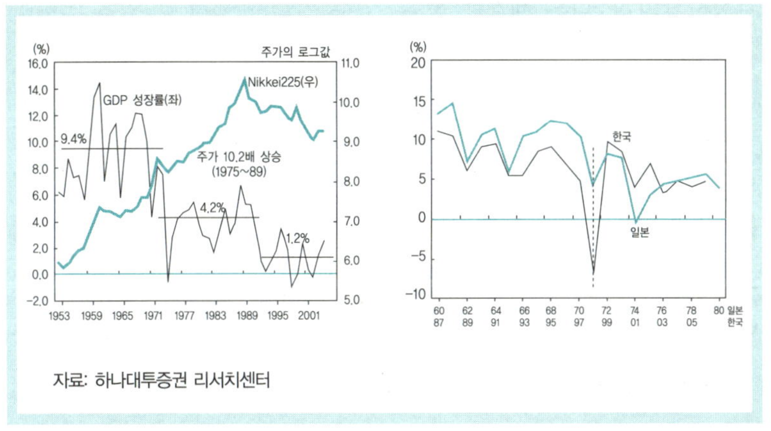

하는 모습을 볼 수 있었다. 그러나 1975년부터 85년까지 평균 경제
성장률이 4%대로 안정화되었을 때 주가는 오히려 10.2배나 상승하
는 모습을 보여주었다. 경제성장률이 안정화되어 경제에 대한 예측
이 어느 정도 가능하고 경제 시스템이 자리 잡혔을 때 주가의 상승
폭이 커질 수 있다는 것을 보여준 것이다.

경기가 과열인 국면에서는 인플레이션과 금리 인상에 대한 부담
으로 실제 주가의 상승률은 그리 높지 않은 반면에, 경기가 연착륙
을 하거나 안정성장 국면에 진입할 경우에는 이런 부담이 줄어들기
때문에 주가가 상승하기에는 오히려 더 여건이 좋은 것이 이유라고 할
수 있다. 한국의 경우도 1960~79년 경제성장률이 평균 8%대에 이를
정도로 고속 성장을 하였지만, 최근에는 4%대의 경제성장률을 보이

고 있다. 이런 안정성장 국면을 지속적으로 이어간다면, 한국에서도 주식시장의 또 다른 세계를 볼 수 있는 기회가 생길 수 있을 것이라 생각한다.

마지막으로 살펴볼 부분은 최근의 저금리 기조이다. 저금리 시대는 2000년대 들어서 나타난 현상으로, 이로 인하여 개인들의 재테크 열풍을 불러일으키는 결정적 역할을 하게 된다. 금리는 주가에 밀접한 영향을 주는 변수이다. 특히, 최근 한국에서 나타나는 현상인 인구 고령화 현상과 맞물려서 작용할 경우 국민들이 새로운 투자처로써 주식시장을 하나의 대안으로 생각할 수 있다. 이는 2005년의 적립식 펀드 열풍과 최근의 해외 펀드 투자 열풍 등을 생각해 보면 알 수 있다.

불과 몇 년 전만 해도 일반인들에게 펀드는 용어조차 생소하였으며 해외 펀드 투자는 부자들의 재테크 전략 중 하나라는 인식이 강했지만, 현재 직장인들은 '펀드에 투자를 할까? 말까?' 가 아니라 '어떤 펀드에 투자를 할까?' 를 고민한다. 또한 2007년 주식시장이 새로운 고가를 경신하면서 2005년과 비슷하게 직장인들의 주식 직접 투자 붐을 몰고 오는 부분도, 저금리로 인한 확정금리 상품에 대한 상대적 매력 감퇴가 아닐까 한다.

미국의 경우에도 1985년 이후 미국 10년 만기 국채 수익률이 15% 수준에서 4.5% 수준으로 하락하는 과정에서 다우지수는 2000년 초까지 장기간의 상승을 보여주었으며, 한국의 경우에도 2000년대의 저금리 시대로 들어서면서 주식시장이 5년 연속 상승세를 보이고 신고가를 만들어 내고 있다는 점에서 공통점을 찾을 수 있다. 금리가 낮으면 시중의 자금이 부동산이나 주식시장으로 몰린다는 평범한 경제 이론이 그대로 나타나고 있는 것이다.

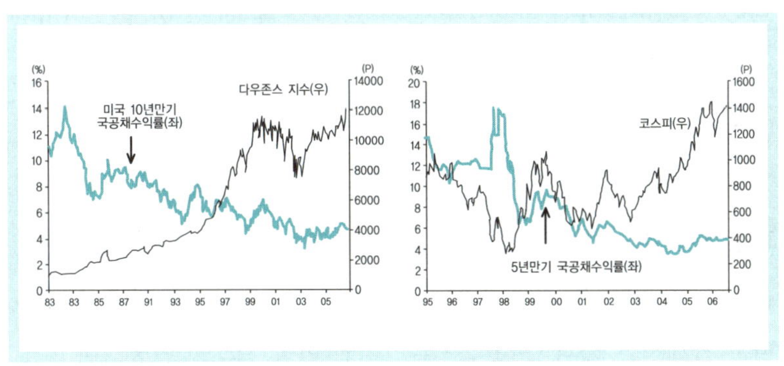

| | | | | 투자자의 결정이 수익을 좌우

지금까지 살펴본 몇 가지 이야기 외에도, 외국인의 부담 측면, GDP 측면, 기업의 체질 개선 측면, 선진국 지수로의 편입 가능성, 인구 측면, 노령화에 따른 가계자산 재편 측면 등 다양한 논거들이 향후 주식시장의 긍정적인 성장에 대해서 뒷받침해 주고 있다. 물론

이는 전반적으로 긍정적인 측면만 이야기했지만, 부정적인 측면도 분명히 존재한다.

예를 들면, 최근 한국의 통화 유통속도는 지속적으로 하락하고 있는 추세이다. 통화 유통속도는 한 국가의 통화가 얼마나 잘 돌고 있는지를 알기 위한 지표인데, 대표적으로 보는 것이 통화 승수와 통화 유통속도이다. 이 지표들의 수치가 높게 나온다는 것은 시중의 돈의 흐름이 빨라서 많은 사람들이 돈을 만져 볼 수 있다는 의미이지만, 반대로 낮게 나온다는 것은 돈이 소비되지도 않고 들어오지도 않는다는 의미이다.

쉽게 말해, "돈 구경하기 힘들다"는 의미이다. 이렇게 돈 구경이 힘든 시기에는 주식 등과 같은 자산 가격의 상승에 좋지 않은 영향을 미치게 된다. 또한 체감 경기가 낮게 나오고, 부동산 버블 붕괴에 따른 가계자산 붕괴 우려라는 극단적인 이야기도 종종 등장하고 있으며, 향후 한국의 경제 성장을 이끌어 줄 대안이 없다는 위기설도 나오고 있다. 2007년부터는 외환위기 10년 주기설도 일부에서 나오고 있으며, 글로벌 과잉 유동성에 따른 버블 붕괴설도 심심치 않게 나타나고 있다.

어떤 의견이 옳을 것인가는 전적으로 개인의 판단이다. 모든 투자의 책임은 본인 스스로가 지는 것이기 때문이다. 하지만 심각하게 고민을 해보고 실행 여부를 결정짓는 것과, 생각도 하지 않고 편견에 따라서 실행 여부를 결정짓는 것은 분명하게 차이가 있다. 중·장기적으로 한국 경제의 성장을 믿는다면 지금이라도 늦지 않았다고 생각한다. 주식시장 2,000포인트 시대는 그 누구도 경험하지 못한 시대이기 때문에, 누구에게나 생소한 시대이다. 절대적인 수치로 판단을 하기보다는 좀 더 멀리 내다보고 합리적인 판단을 내리는 자세가 필요하다.

주식 정보수집에 도움되는 사이트

 밸류스타 (http://valuestar.co.kr)

국내 가치 투자자들이 정보를 습득하고 교환하는 사이트. 개인 투

자자들의 종목 선정에 대한 노력과 새로운 사고를 엿볼 수 있다.

팍스넷 (http://paxnet.moneta.co.kr)

국내의 대표적인 증권 정보 사이트.

금융감독원 전자공시시스템 (http://dart.fss.or.kr)

증권 투자를 위해서 반드시 알아야 하는 사이트. 공개된 정보이긴

하지만, 이곳에서 얻어갈 수 있는 정보의 질이 상당하다.

스탁차트 (http://stockcharts.com)

세계 각국의 지수 등의 차트를 원하는 옵션을 설정하여 살펴볼 수

있다.

아이피오 스탁 (http://ipostock.co.kr)

에스브이파트너스 (http://svpartners.co.kr)

신규 상장 및 상장 예정 기업들에 대한 정보와 공모 일정 등을 알

수 있는 사이트. IPO 동향에서 주목받는 기업들에 대한 정보를 알아볼 수 있다.

트루워런트 (http://truewarrant.com)

한국증권에서 운영하는 ELW 교육 및 정보 제공 사이트. 개별 종목 ELW를 공부하고 싶은 사람은 한번 방문해 볼 만하다.

대외경제정책연구원 (http://kiep.go.kr)

세계 경제 동향에 대해 알아볼 수 있는 사이트. 글로벌 이슈에 대해 점검해 볼 수 있다.

한국은행 경제통계시스템 (http://ecos.bok.or.kr)

100대 통계지표 등을 한눈에 볼 수 있으며, 각종 경제통계 데이터를 받아 볼 수 있다.

한화증권 채권정보 (http://koreabond.co.kr)

실시간 채권 뉴스와 일일 시황, 그리고 브리핑 자료들을 만나볼 수 있다. *

인플레이션을 극복하는 자산 그룹

소비의 크기에 대한 입장은 상대적일 수밖에 없다. A라는 사람이 100만 원을 썼다고 가정해 보자. 100만 원을 썼다는 자체만으로는 그가 과소비를 했는지, 아니면 적절하게 사용했는지 알 수 없다. 마찬가지로 모 기업의 전체 직원의 연봉이 20% 정도 올랐다고 생각해 보자. 그 인상분이 큰 것인지 아니면 작은 것인지에 대해서도 알 수 없다.

절대적인 수치상으로는 100만 원과 20%라는 수치가 크게 느껴질 수 있지만, 기준이 없기 때문에 애매한 것이다. 이 기준이 되는 것이 인플레이션이다. 우리에게 익숙한 예금 금리, 대출 금리, 임금 상승률 같은 수치들은 명목수치이다. 이런 명목적인 수치에서 인플레이션을 제하고 나서야 드러나는 실질수치가 우리에게 더 중요한 정보이다. 은행의 예금 금리가 5%지만 인플레이션이 7% 상승했다고 하면, 직접적으로 느껴지지는 않지만 예금한 원금이 줄어들고 있는 것이다. 예를 들어 설명해 보기로 하자. 1년 전 10,000원을 가지고 있는 A라는 투자자가 쌀을 살까, 예금을 할까 고민을 하다가 연 5% 금리를 지급하는 정기예금에 10,000원을 넣었다. 1년이 지나고 나서 세전으로 10,500원이 되어서 이것으로 쌀 가게를 다시 찾았더니, 쌀 가격은 10,700원이 되어 있는 것이다. 1년 전 쌀을 사는 것을 포기하고 추가적인 이자 소득을 위해서 예금을 한 결과, 1년 전 살 수 있었던 쌀마저도 못 사게 된 것이다. 은행이 지급하는 금리에 비해 물가상승률이 더 높았기 때문에 이런 현상이 일어난 것이고, A라는 투자자는 결과적으로 예금으로 인한 이자 소득을 더해도 실질적인 구매력이 떨어지게 된 것이다.

이를 마이너스 금리라고 하는데, 마이너스 금리 시대가 지속되면 사람들은 실물자산을 선호하게 된다. 실물자산에 투자를 함으로써 인플레이션을 극복할 수 있다고 생각을 하는 것이다. 앞의 예에서 보듯이 A투자자가 물가가 상승할 것을 예상하고 있었다면 은행에 예금하지 않고, 실물자산인 쌀을 구매하는 행동을 취했을 것이다. 하지만 많은 사람들이 이런 행동을 취한다면, 실물자산에 대한 수요가 증가하여 실물자산의 가격은 더 늘어나게 되고 인플레이션은 더 올라가게 된다. 인플레이션 상승의 악순환이 지속되는 것이다.

2030세대들이 인플레이션을 신경 써야 하는 이유는 간단하다. 재테크를 하는 기간이 길기 때문에 인플레이션 위험에 가장 많이 노출되어 있는 세대이기 때문이다. 적어도 향후 30년 이상은 자산관리에 신경을 쓰면서 가계 재무를 관리해야 하는데, 이 기간 동안의 물가상승률은 때로는 매년 정기예금보다 높게 나올 수도 있고, 거의 미미한 수준이 될 수도 있다. 현재 수준으로는 물가상승률이 크게 높아질 것으로 기대되지는 않지만, 반면에 예금·적금 등과 같은 고정금리 자산들의 금리 또한 높지 않은 수준이기 때문에 자산관리에 영향을 주는 것만은 분명하다. 즉, 2030세대들은 자산관리 기간이 장기이기 때문에 물가의 상승 여부에 상관없이 장기적인 관점에서 인플레이션을 극복할 수 있는 자산에 대한 투자를 지속해야 한다.

인플레이션은 이 책의 다른 부분에서도 다뤘듯이 자산관리에 미치는 영향이 상당히 큰 변수이다. 때로는 인플레이션이 높은지 낮은지에 따라서 자산관리 전략 자체를 수정해야 하는 경우도 생기곤 한다. 예를 들면 인플레이션이 높은 시기에는 인플레이션으로 인해서 오히려 혜택받을 수 있는 자산이나 기업에 투자를 해야 하며, 매입 후 보유전략(buy and hold strategy)이 통하지 않을 수도 있다. 또한 물가 상승기에는 돈을 빌릴수록 이득이 될 수 있다. 돈을 빌려서 실물자산을 사두었다가 올라간 가격에 자산을 팔게 되면 이익이 남기 때문이다. 인플레이션이 단순한 재테크 변수로써가 아닌 중요한 변수가 될 경우, 우리들은 어떤 자산 대상에 주목해야 하는 것인지에 대해서 한번 알아보기로 하자.

| | | | | 뛰는 물가를 주시하라

2008년 글로벌 경제에서 중요성이 부각될 변수들을 꼽으라고 하면 서브프라임 모기지 여파, 미국 경기의 연착륙 문제, 신흥국가들의 성장 지속성 여부 등을 들 수 있지만, 물가도 고려해야 한다. 물가의 경우 투자자들이 크게 고려하지 않고, 쉽게 간과하는 변수 중에 하나이다. 물가는 직접적으로 나타나는 것이 아니기 때문에, 투자 수익률을 잠식하고, 경제에 악영향을 미치는 모습을 눈으로 직접 볼 수는 없다.

하지만, 최근 들어 나타나고 있는 전 세계 물가 상승에 대한 우려는 비교적 심각하다. 미국의 경우 2007년 11월 생산자 물가가 34년 만에 처음으로 최고치를 기록하였고, 소비자 물가상승률 역시 2005년 이후 가장 높은 수준을 기록하고 있다. 가뜩이나 서브프라임 모기지 여파가 진정되기 전에 물가상승의 압력을 받게 되어 미국의 FRB는 새로운 복병을 만나게 되었다. 중국의 경우에도 생산자 물가와 소비자 물가가 각각 4.6%와 6.9% 상승하여 시장의 예상을 상회하면서 상승세를 이어나가고 있다. 최근 상승하는 물가를 비롯한 여러 경제지표들의 수치는 중국 정부로 하여금 긴축정책에 대한 박차를 가하게 되는 원인이 될 수 있는데, 중국의 강력한 긴축 정책은 중국 주식에 직접 투자를 하거나 중국 펀드에 투자를 하고 있는 사람들로 하여금 두려움의 대상이 될 수 있다.

한국 역시 이러한 글로벌 물가 상승의 안전지대에 놓여 있는 것은 아니다. 11월 수입 물가의 경우 전년 동월 대비 18% 넘게 상승하여 IMF이후 가장 높은 수준으로 나타났다. 일반적으로 수입물가 상승 부담은 시차를 두고 생산자 물가와 소비자 물가의 상승으로 연결된다는 것을 감안하면 한국의 경우에도 물가 상승에 대한 압박에 노출이 되고 있는 것이다.

물가 상승에 대한 원인은 여러 가지가 있을 수 있다. 하지만 그중에서 간략하게 보자면 두 가지 정도로 살펴볼 수 있다.

첫 번째는 최근 급등하고 있는 곡물가격과 잠깐 주춤하지만 아직도 90달러 수준에 머물러 있는 유가 상승 등이 원인이 된다. 원재료나 원자재 가격의 상승은 곧 기업으로 하여금 제품 가격 상승의 압력을 받게 만든다. 환경적 변화와 정치적 문제, 그리고 신흥국가들의 경제성장은 이들 곡물, 원유 등을 비롯한 원자재 가격의 상승을 유발하여 결과적으로 글로벌 물가 상승을 이끌어 낼 것이다.

두 번째로는 세계의 공장 역할을 하고 있는 중국발 인플레이션을 들 수 있다. 중국은 값싼 제품을 전 세계에 공급하면서 각국의 물가를 낮추는 역할을 했는데, 이제는 중국 내부에서 물가가 상승하여 이런 시스템에 지장이 생겼다. 또한 위안화 절상폭 확대에 따라서 중국의 수출 제품들의 단가가 상승을 하고 있기 때문에 이런 물가 상승에 대한 우려는 현재의 상황에서는 단기간에 끝날 문제가 아니다.

과도한 물가 상승 자체만 놓고 보면 일반 투자자에게는 우선적으로는 좋지 않다고 생각하면 된다. 주식시장의 상승을 한 국가의 경제 성장기와 경제 안정기로 나누었을 때, 경제 성장기보다 경제 안정기에 주식 시장의 상승률이 더 크다는 것을 미국이나 일본 등의 선진국의 사례를 통해 알 수 있다. 이는 경제 성장기에도 주가가 성장에 대한 프리미엄이 반영되어 상승하긴 하지만, 성장기에 동반되는 물가상승 때문에 주가 상승에 제한을 받는데, 경제 성장이 안정화되면 물가 역시 안정되는 경향이 있기 때문에 큰 폭의 주가 상승 또한 가능해지기 때문이다.

하지만 더 큰 문제는 2008년 전 세계 경제 성장성이 약화될 것이라는 전망이 지배적인데, 이런 시점에 물가가 상승세를 지속하게 될 경우 경기침체와 물가상승이 동시에 일어나는 스태그플레이션이 나타날 수 있다는 것이다. 아직까지는 스태그플레이션에 대해서 문제 제기 수준에 그치고 있지만, 향후 글로벌 물가의 향방이 이를 확인해 줄 것이다. 따라서 향후 투자 환경의 국제변수로써 물가의 움직임도 추가시켜서 확인해 보아야 할 것이다.

물가 상승이 앞으로 어떻게 경제에 영향을 줄지는 미지수이다. 다시금 글로벌 경제 성장이 물가상승률을 앞지를 경우, 물가 상승에 대한 우려는 상대적으로 적어지겠지만, 반대의 경우에는 투자 수익률이 감소할 수 있다. 따라서 주식 일변도의 포트폴리오를 보유하고 있는 투자자라면 포트폴리오를 점검해 볼 필요가 있다. 한국의 경우 대선 이후 내부적인 경제 성장에 대한 기대와 외부적인 글로벌 경제 불안정이라는 두 가지 변수가 서로 힘겨루기를 하고 있는 상황이라 할 수 있다. 어느 상황에 베팅을 하기 보다는 주식, 현금, 간접투자에 대한 적절한 배분이 필요하다.

　주식은 새로운 정부의 정책에 관련되어 있는 기업들을 눈여겨볼 필요가 있다. 정부의 기업에 대한 규제 완화와 공기업의 민영화, 성장 정책에 따른 수혜 업종 관련 기업 등이 여기에 해당된다. 상품의 경우에는 물가 상승의 근본 원인이 되는 원자재나 천연자원의 가격 상승 혜택을 입을 수 있는 펀드에 대한 투자를 고려해 볼 수 있다.

　예를 들어 러시아, 남아프리카 공화국, 중동 지역 등 천연자원의 대국으로 불리는 국가들은 이들 천연자원들의 가격 상승으로 인해서 국가적으로 큰 혜택을 보고 있는데, 이들 가격 상승이 지속된다고 가정했을 때 이들 국가들이나 천연자원 관련 기업들의 실적은 향후 좋아질 것이다. 따라서 개별 국가 펀드나 특정 지역에 투자되는 펀드, 혹은 원자재 관련 펀드 등에 투자를 하는 것도 이런 글로벌 물가 상승 위험에 대비할 수 있는 전략이 될 수 있다.

　향후 글로벌 경제는 당분간 성장과 자원이라는 두 축에 의해서 움직일 가능성이 높다. 성장을 위해서는 자원이 필요하고 자원이 필요하다는 것은 성장이 이루어지고 있다는 의미이기 때문이다. 중국, 인도, 동남아시아, 라틴아메리카, 아프리카, 동유럽 등이 성장과 자원의 큰 축을 담당하고 있는 국가들이므로, 이들 관련 투자 상품에 대해 주시할 필요가 있다.

ⅠⅠⅠⅠ 인플레이션을 방어하는 부동산 펀드

부동산은 인플레이션(물가상승)을 방어할 수 있는 대표적인 자산으로 꼽힌다. 쉽게 말해서 과거에 비해 물가가 많이 올랐다고 하지만, 같은 시기에 강남에 땅을 사두었다면, 물가상승률을 뛰어넘는 자산가치 상승률을 통해서 자산가치는 줄어들지 않는다는 이야기이다. 일부에서는 부동산 역시 실질 인플레이션을 반영하면 오른 것이 아니라는 의견도 있지만, 다른 자산들에 비해 인플레이션 방어율이 적어도 선동열급 정도 된다는 것은 어느 정도 인정을 할 것이다. 특히 새 정부가 들어서는 시기를 앞두고 기대감이 반영되어 부동산 시장이 다시 살아나는 것이라는 목소리가 들리는 것을 보면, 부동산에 대한 관심이 살아나는 것을 느낄 수 있을 것이다.

하지만 부동산에 투자를 하는 방법에는 직접적인 부동산 투자뿐만 아니라 간접적으로 부동산 펀드에 투자하는 방법도 있다. 부동산 펀드라 하면 2007년 한국 펀드 시장에서 미운 오리 새끼로 전락한 '리츠(REITs) 펀드'를 먼저 떠올리는 사람도 있겠지만, 리츠 펀드는 다양한 부동산 펀드 중에 하나의 유형일 뿐 리츠 펀드가 부동산 펀드 전체를 의미하는 것은 아니다.

부동산 펀드는 크게 세 가지 유형으로 나누어 볼 수 있다. 대출형(PF형) 부동산 펀드와 임대형 부동산 펀드, 그리고 경공매형 부동산 펀드가 그것이다. 여기서는 대출형 부동산 펀드를 중심으로 상품을 소개하고자 한다.

　　대출형 부동산 펀드는 부동산 개발 사업에 프로젝트 파이낸싱 대출 채권에 투자하여 대출 이익을 가져가는 형태이다. 쉽게 말해 빌딩이나 기타 건축물을 지을 때 투자자들이 돈을 모아 빌려 준 다음에, 그 빌딩이 상업적으로 운용되면 운용 수입(임대료 등)을 투자자들이 높은 금리로 가져가는 형태의 펀드이다.

　　이 펀드의 특징은 변동성(위험)이 매우 적다는 것이다. 펀드의 대부분은 투자 수익률이 확정되어 있기 때문에, 자산가치의 변동성이 적어질 수밖에 없고, 여기에 원금 손실에 대한 몇몇 보강 장치(연대 보증, 질권 설정 등)가 이루어지면, 상대적으로 높은 수익률을 거둘 수 있는 것이다. 일반적으로 대출형 부동산 펀드의 연간 변동성은 0.1~0.2% 정도에 분포하고 있는데, 주식형 펀드의 변동성이 20~30%라는 점을 감안할 때, 위험은 비교할 수 없을 정도로 적다고 볼 수 있다. 수익률은 보통 연 7~10%를 주고 있는데, 최근 금리가 올라서 매력이 없긴 하지만, 금리가 4~5%대로 내려간다고 가정을 해 보면 시중 금리의 2배를 비교적 안정적으로 가져갈 수 있는 상품이다.

　　금리의 경우 2008년 하반기부터는 상승에는 제한이 있을 것이라고 보는 전문가들의 의견이 지배적이기 때문에, 부동산에 대한 관심이 다시금 커진다면 괜찮은 유형의 부동산 펀드들이 시장에 많이 출시될 것이라고 판단된다. 다만, 대출형 부동산 펀드의 경우 주의할 점은 펀드의 특성상 일정 기간 자금이 묶여야 한다는 것과(폐쇄형 펀드), 추가로 펀드에 돈을 넣거나 뺄 수 없는 형태(단위형 펀드)가 많기 때문에 투자 전에 본인의 자금 유동성에 대해서 생각해 보아야 한다.

　다음으로는 임대형 부동산 펀드가 있다. 임대형 부동산 펀드는 실물 부동산을 매입하여 임대 사업을 통해 발생한 수익을 투자자들에게 나눠주는 형태의 펀드이다. 우리가 알고 있는 리츠가 여기에 속한다고 보면 된다. 해당 빌딩이 있는 지역 주변의 부동산 경기나, 빌딩의 공실률 등이 중요한 변수이기 때문에 이 부분에 대해서 잘 파악을 해야 하는데, 수익률 측면에서 볼 때 부동산 펀드들 중에서 가장 높다고 볼 수 있다. 하지만 어느 펀드를 선택하느냐에 따라서 수익률이 큰 차이를 보인다. 또한 변동성이 주식형 펀드와 비슷한 수준이라는 점을 감안하면, 기초자산이 부동산이지만 부동산의 가격 변동 폭을 넘어서는 상품이라고 생각하는 게 좋을 것이다.

　경공매형 부동산 펀드의 경우 초기에는 화려한 등장을 했다. 당시의 은행 금리는 4% 전후로 낮은 수준이었고, 시장에서는 대출형 부동산 펀드, 선박 펀드 등 다양한 자산이 기초자산으로 있는 펀드들이 시장에서 큰 인기를 끌 때였다. 이런 시기에 기초자산이 부동산이지만 경공매를 통해서 부동산을 매입하여 높은 기대수익을 거둘 수 있을 것 같았던 경공매형 부동산 펀드는 당연히 주목을 받게 되었고, 일부 경공매형 부동산 펀드의 경우 판매 당일 날 조기 매진되는 사태가 발생하기도 하였다.

　그러나 이들 경공매형 펀드들 중 일부는 부진한 수익률을 보였는데, 그 이유 중에 하나는 경공매 시장의 특성에 있다. 경공매 시장은 공급 물건이 제한되어 있는 시장인데 반해 수요자가 증가하게 될 경우 기존의 목적인 싼 가격에 부동산을 매입하는 것이 쉽지가 않다. 그런데도 경공매형 부동산 펀드가 여러 개 생겨났고, 많은 일반인들마저 경공매 시장에 눈을 돌리게 되었다. 결국 공급은 제한적인데 수요가 늘어나 기대했던 수익률을 내지 못하자 투자자들은 경공매형 펀드를 서서히 외면하기 시작했다.

유형별 부동산 공모 펀드의 수익률과 변동성 비교

(2008년 1월 9일 기준, 단위 : %)

유형	펀드명	6개월	1년	2년	변동성
대출형	KB웰리안 부동산	4.15	8.44	17.59	0.10
	골든브릿지 특별자산	4.20	8.47	17.67	0.10
임대형	맵스프런티어부동산	38.61	43.15	54.01	30.13
	미래터전 KTB 부동산	18.66	22.82	57.71	14.33
경공매형	현대경매부동산	5.04	4.58	10.94	4.95
	골든브릿지WM경매부동산	−0.36	10.61	18.64	5.64

이외에도, 2006년부터 사모 펀드 형태로 출시되어 온 해외 부동산 펀드가 있다. 이들 펀드의 경우도 마찬가지로 해외 임대나 해외 개발 사업에 투자를 하는 펀드가 있는데, 아직까지는 상품이 다양하지 않고, 해외 부동산이 생소하다는 점 때문에 큰 주목을 받지는 못하지만, 향후 높은 성장이 예상되는 신흥국가들에 투자하는 부동산 펀드 시장은 더욱 커질 것이라 예상된다.

부동산 펀드는 일반적으로 주식과 채권의 중간의 위험과 수익률을 가져가는 상품으로 인식되어 있다. 하지만 자세히 살펴보면 어떤 형태의 부동산 펀드이냐에 따라서 위험 대비 수익에 대한 분포가 다양하게 나타난다. 2007년 4/4분기와 같이 주식시장의 변동성이 커지고, 글로벌 경제에 서브 프라임 모기지 문제, 전 세계 물가 상승 위험 등과 같은 외부 변수로 인해서 주식 직접 투자나 주식형 펀드에 대한 투자가 신통치 않을 것이라 판단되면, 부동산 펀드에 눈을 돌리는 것도 좋을 것이라고 판단된다. 부동산 펀드는 앞에서 언급한 바와 같이 인플레이션을 방어할 수 있으며, 주식과는 다른 형태의 자산이라는 점에서 효율적인 분산투자가 가능한 투자자산이다.

||||| 분산투자 효과를 높이는 인프라 펀드

인프라는 인프라스트럭처(infrastructure)의 줄임말로 경제활동의 기반을 형성하는 시설, 제도 등을 일컫는 말이다. 좀 더 구체적으로 알아보면, 사회의 간접 기반인 에너지 · 도로 · 항만 · 공항 · 교통 · 통신 · 교육 시설 등을 의미하며, 이런 인프라스트럭처에 직접 투자하거나 인프라 업종 주식에 투자하는 펀드를 인프라 펀드라고 한다.

인프라 펀드는 민간이 공공 시설물 투자 후 국가나 지방자치단체에 소유권을 이전하고 리스료 명목으로 이익을 일정기간 동안 상환받는 방식인 BTL(Build Transfer Lease)과 건설사 자기 부담으로 인프라스트럭처에 직접투자를 하고 징수 역시 직접적으로 하는 BTO(Build Transfer Operate) 방식이 있으며, MSCI 국제 산업분류기준(GISC)상 자본재, 상업서비스 및 사무용품, 운송 등 인프라 업종의 기업과 상장/비상장된 인프라 자산의 관리, 소유 또는 운영과 관련된 기업에 투자하여 배당 수익 및 가격 상승 이익을 추구하는 방식이 있다.

국내의 경우에는 이미 상장된 인프라 펀드가 있는데, 유형은 BTL에 속하며, 상장 당시의 자본금은 1조 2,500억 원에 유료 도로와 교량, 터널, 지하철 등 14개 인프라 자산에 투자하는 펀드이다. 편입 인프라 자산은 인천 국제공항 고속도로, 백양 터널, 대구광역시 순환도로, 서울 철도 9호선, 인천 대교 등이다. 상장 당시 기준으로 3년간 분배 수익률은 평균 9.86%였으며, 개인이 상장 인프라에 투자할 경우 3억 원 이하에 대해 2008년까지 배당소득세율을 5.5%(주민세 포함)로 분리 과세하고 있다.

인프라 펀드의 장점은 첫째, 인구 증가에 따른 인프라 자산의 수요 확대이다. 세계 인구는 향후 10여 년간 지속적인 증가세를 보일 것으로 예상하고 있는데, 인구와 인프라 자산은 비례 관계이기 때문에 인프라 자산의 수요는 더욱 확대될 것으로 예상된다. 특히 급속한 경제 발전을 이루고 있으나, 아직은 인프라 기반이 취약한 아시아 지역과 아프리카 등과 같은 지역에서의 인프라 수요는 인프라 펀드의 전망을 더욱 밝게 하고 있다.

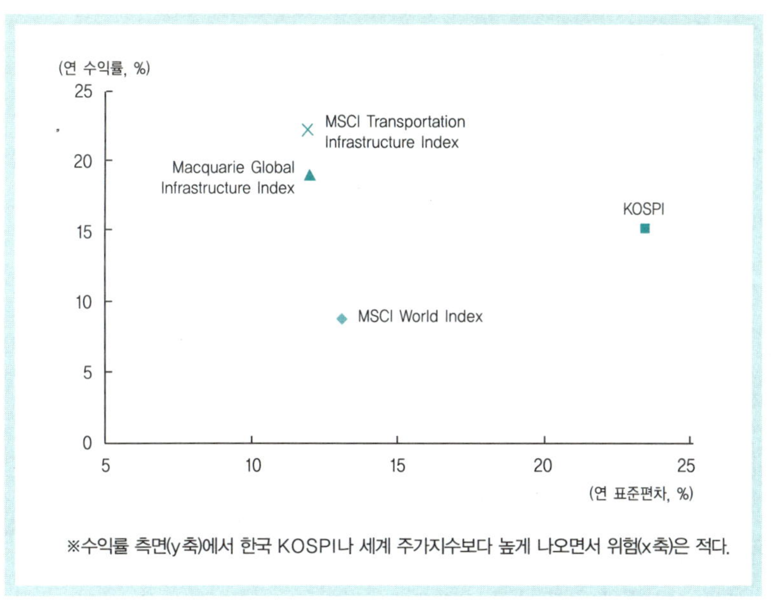

※수익률 측면(y축)에서 한국 KOSPI나 세계 주가지수보다 높게 나오면서 위험(x축)은 적다.

둘째, 국가의 GDP 성장에 따른 신규 인프라의 수요 및 기존 인프라의 유지 보수 수요이다. 국가의 GDP가 증가한다는 것은 삶의 질과 환경 측면에서 추가적인 인프라 수요 및 기존의 노후화된 인프라 자산의 유지 보수를 수반하게 된다. 따라서 국가 측면에서는 국가 경쟁력 유지 및 외국인 투자 유치 등을 위해서 인프라 자산에의 투자를 촉진하게 되며, 이에 따라 인프라 펀드는 수혜를 입을 수 있다고 보고 있다.

셋째, 인프라 펀드의 기초자산은 기존의 주식형 펀드나 채권형 펀드 등과 달리 금융자산이 아닌 실물 및 실물 관련 자산들이다. 많은 실물자산 중 인프라 자산은 현금 흐름이 어느 정도 예측 가능하며, 정부와의 중·장기간 계약 등을 통하여 운영 비용과 수입이 다른 펀드들과 달리 지속적으로 발생한다는 점이다.

넷째, 인프라 자산은 인플레이션에 연동한다. 인프라 자산의 특성상 유료 도로, 수송로, 항공, 항만, 전기, 수송관, 통신 등은 물가 상승시 이용료 상승을 수반하는 특징을 가지고 있는 사회간접자본이기 때문에, 지속적인 물가 상승시 예상되는 현금 흐름 역시 지속적으로 상승이 가능한 자본이다. 따라서 인플레이션 위험에 대한 노출이 다른 자산에 비해 상대적으로 덜한 편이다.

세계적으로 공공 영역에서 정부의 역할이 줄어들고 있고, 세금 감소와 상대적으로 커지는 복지 서비스에 대한 지출은 민간 자본의 인프라 자산에의 투자를 유도하고 있다. 인프라 자산은 과거 사례로 보아 정치·경제적 충격에 덜 반응하며, 다른 자산과의 낮은 상관관계 등으로 인하여 분산투자의 효과를 높일 수 있는 자산 중 하나로 꼽히고 있다.

이러한 여러 가지 환경적·사회적 요인들은 사회간접자본(SOC)의 투자와 영업에 관한 시장의 크기를 넓히고 있으며, 자산 배분 관점에서 투자자들은 인프라 펀드에 대한 관심이 필요할 것이라 판단된다. 어떻게 생각하느냐에 따라서 인프라 자산은 멀게만 느껴지는 실물 관련 펀드 중에 하나일 수 있겠지만, 가깝게는 우리가 이용하는 도로·전기·지하철·수도·통신 등에 투자하는 펀드라는 점에서 쉽게 접근하고 이해할 수 있는 펀드가 될 것이다.

대표적인 인프라 펀드

(2007년 12월 기준, 단위 : %)

펀드명	1개월	3개월	6개월
CJ 차이나 인프라-컨슈머	−0.51	−1.85	
삼성 인프라 강국코리아	−0.59	8.48	
산은 S&P글로벌 인프라	0.08	3.42	6.94
우리CS 이머징 인프라	2.42	3.90	4.73
기은SG 인디아 인프라	7.85	26.53	
미래에셋 아시아퍼시픽 인프라섹터	0.80	2.53	21.50
미래에셋 친디아 인프라섹터	4.47	12.00	

| | | | 물가 상승시 투자하는 상품(commodity) 펀드

인플레이션의 원인을 따져 보면 크게 두 가지를 생각할 수 있다. 초과 수요 인플레이션과 비용 상승 인플레이션이다. 초과 수요 인플레이션은 신흥시장의 투자 수요의 증가로 인하여 나타나는 현상인데, 2002년 이후에 중국과 인도 등의 신흥시장(emerging market)의 고성장에 따른 수요가 증가하면서 원재료 가격의 상승에 기여한 것을 보면 이해하기 쉬울 것이다. 다른 하나는 비용 상승 인플레이션이다. 비용 상승 인플레이션은 제품의 생산 비용의 상승에 의해서 제품 가격이 상승하고, 이에 따라 물가 상승이 나타나는 것을 말한다. 상품 투자는 이 두 가지 인플레이션 요인 중에 비용 상승 인플레이션의 핵심이 되는 원재료 상승으로 인한 물가 상승시 원재료에 투자함으로써 인플레이션 위험을 관리하고자 하는 데 목적을 둔다고 할 수 있다.

그렇다면, 원재료에 대한 투자는 어떻게 해야 하는 것일까? 바로 상품(commodity)에 대한 투자를 하면 되는 것이다. 상품은 우리가 눈으로 보고 느낄 수 있는 실물자산을 이야기하지만, 모든 실물자산을 상품 유형으로 분류하지는 않는다. 실물자산들 중에서도 원재료로 사용되는 것이 상품(commodity)이다. 개인의 경우 상품에 대한 직접 투자가 쉽지 않으므로, 이런 상품 관련 펀드에 투자를 함으로써 간접적인 효과를 누릴 수 있다.

상품 펀드는 상품과 관련된 주식이나 종목, 상품 선물(commodity futures), 상품 인덱스(commodity index) 등에 투자하는 펀드를 말한다. 2000년대 들어 국가들의 저금리 기조와 글로벌 유동성 등에 힘입어 대부분 국가들의 부동산·주식 등의 가격이 크게 상승을 하였고, 이와 더불어 상품의 가격 또한 크게 상승을 하였다.

하지만 최근에는 선진국의 금리 인상과 상품시장의 과열, 투기자금의 이동 등으로 인하여 상품 가격은 다른 자산들과 다른 행보를 보이고 있기도 하다. 또한 상품시장은 과거부터 변동성이 높은 시장이라는 인식이 강하여 투기가 판을 치는 시장이라는 오명을 얻기도

상품(commodity)의 유형과 자산

상품 유형	대상 자산	거래소
농산물 (agricultural)	설탕, 콩기름, 오렌지주스, 면화, 코코아, 콩, 옥수수, 밀 등	NYBOT(뉴욕 상품거래소) CBOT(시카고 상품거래소) CME(시카고 상업거래소)
귀금속 (precious metals)	금, 은, 백금, 팔라늄	CME(시카고 상업거래소) TOCOM(동경 상품거래소)
비철금속 (industrial metals)	동, 알루미늄, 니켈, 납 등	LME(런던 금속거래소) COMEX(뉴욕 상품거래소)
에너지 (energy)	원유, 천연가스, 나프타 등	NYMEX(뉴욕 상업거래소) IPE(국제 석유거래소)

하였는데, 최근에는 선진 금융기법의 발달 등으로 연기금 펀드와 같은 장기 투자자부터 일반 투자자들에게도 많은 관심을 받고 있다.

글로벌 투자자들이 상품을 선호하는 이유는 상품의 포트폴리오 편입이 위험을 낮추고 기대수익률은 높여주는 효과를 내기 때문이다. 쉽게 말해서 분산투자로써의 가치가 있다는 말이다. 역사적으로 보아도 상품과 주식은 상관관계가 낮거나 반대로 움직이는 모습을 보이고 있다. 미국의 경우 1900년대 초반부터의 상품시장과 주식시장의 데이터를 비교, 분석하여 보면 확인할 수 있다. 상품시장이 강한 상승세였던 1906년부터 1923년까지 주식시장은 큰 상승을 하지 못했다. 1970년대 역시 상품시장은 강세였던 반면에 주식시장은 이렇다 할 움직임이 없었고, 1980년대와 1990년대 역시 상품시장과 주식시장의 모습은 다른 행보를 보였다.

이처럼 상품시장과 주식시장이 다른 모습을 보이는 이유는 여러 가지가 있겠지만, 그중 하나는 기업의 실적에서 찾을 수 있다. 상품의 가격이 오르면 기업의 입장에서는 생산원가의 상승으로 인하여 이익의 폭이 줄어들게 된다. 물론 이런 현상이 중·장기적으로 진행되면 제품의 가격을 올려서 다시 이익을 확보하려고 하겠지만, 그런 조치 역시 기업의 입장에서는 부담스러운 것이 사실이다. 뉴스에서 오일 가격이 올랐다고 나오면 주가에 부정적인 영향을 미치는 것을 우리는 쉽게 접할 수 있다. 따라서 약세장에서 분산투자를 하는 것은 포트폴리오의 기대수익률을 주식시장에만 투자하는 투자자보다 높여줄 수 있는 것이다. 또 상품시장은 변동성이 큰 시장이긴 하지

국내 대표적인 상품 펀드

자산 유형	펀드 상품명
오 일	PCA 오일 블러섬 파생 I-1 삼성 파워오일 인덱스 파생상품 4 우리 파워오일 파생상품 1 미래에셋 맵스 슈퍼오일 지수연계 파생상품 PB-1 Pru 오일 지수 연계 파생상품 1
금 속	PCA 메탈 블러섬 파생 I-1
원자재	PCA 더블 파워 원자재 파생 I-1 CJ 원자재 파생 연계 상품 1 CJ Duo 원자재 연계 파생상품 1 한국 월드 와이드 원자재 종류형 재간접 V-1
커피, 설탕	대한 First Class 커피 설탕 채권 1
원유, 니켈	삼성 파워 2 Asset Commodity 파생상품 1
천연자원	우리CS 글로벌 천연자원 주식 Class A 1
인덱스복제	우리 Commodity 인덱스 플러스 파생상품 1C 1 미래에셋맵스 로저스 Commodity 인덱스 파생상품 1 Class B

만, 중·장기적으로 투자할수록 변동성이 낮아지며 상대적으로 높은 수익률을 얻을 수 있었다. 과거의 데이터상으로 나온 결과라서 미래의 상품시장을 예측하기에는 다소 부족할 수 있지만 결과 자체는 주목할 만하다.

상품시장은 비금융자산으로는 세계적으로 가장 큰 시장 중 하나이다. 전 세계적으로 상품 거래 대금은 미국 증권거래소의 주식 거래대금의 몇 배에 이르고 있다. 아직 일반 투자자들에게는 생소하고 이해하기 어려운 시장일 수 있지만, 자산 포트폴리오에 일정 부분을 편입하기 위한 목적으로는 매력적인 시장임에는 분명하다. 고수익을 고려한 접근보다는 목표 수익률을 낮추고 위험 관리 차원에서 접근하는 전략을 추천하고 싶다.

| | | | 물가 상승시 투자의 가장 좋은 선택

물가가 상승을 한다. 소비자들은 늘어난 생활비로 인해 가계에 타격을 입게 되고, 기업은 올라간 원재료 가격 때문에 수익이 줄게 된다. 가계 경제와 주가에 모두 좋지 않은 영향을 주는 것이다. 투자 수익률은 물가상승률만큼 차감되어, 투자에 대한 매력이 떨어지게 된다. 이럴 때 투자자는 어떤 선택을 해야 할까?

물가 상승기 투자의 가장 좋은 선택은 '인플레이션'에 투자하는 것이다. 즉, 물가 상승의 근본적 원인이 되는 것에 투자를 하는 것이다. 그러면 어떤 것에 투자를 해야 하는 것일까? 바로 원유나 농산물, 귀금속 등의 실물 자산에 투자를 하는 것이다. 원유가 오른다면, 원유를 보유하고 있으면 될 것이고, 농산물 가격이 오르면 농산물을 보유하고 있으면 된다. 하지만 실제로 이런 전략은 현실성이 없다. 개인이 원유를 대량 구하는 것도 마땅치 않을 것이며, 농산물을 보관하는 것 또한 쉬운 일이 아니다. 그래서 해외에는 이런 자원들을 거래 할 수 있는 선물 시장(Futures Market)이 형성되어 있지만, 국내의 개인 투자자들이 접근하기에는 진입 장벽이 너무 높은 시장이다.

그렇다면 국내의 개인은 이런 관련 상품에 투자를 하면 된다. 유가가 상승한다고 가정을 해보자. 우선은 직접적으로 유가의 움직임에 연동되어 있는 자산에 투자를 하면 된다. 그때 상품(commodity) 인덱스 펀드를 생각해 볼 수 있을 것이다.

다음은 유가와 관련된 기업들이나 국가들에 투자를 생각하면 된다. 유가가 상승할 경우 혜택은 당연히 관련 기업이나 보유 국가들의 이익이 증가하게 될 것임은 조금만 생각해 보면 알 수 있다. 최근

대표적 천연자원 및 상품 펀드 수익률

(2008년 1월 14일 기준, 단위 : %)

펀드명	1개월	3개월	6개월	1년
우리CS글로벌 천연자원 주식	−5.41	−4.44	2.55	36.60
도이치 글로벌 커머더티 주식 재간접	−1.69	−1.14	1.30	27.57
미래에셋 맵스 로저스 상품(commodity) 인덱스	7.00	13.64	24.89	44.12
우리 상품(commodity) 인덱스 플러스	7.23	13.54	14.71	27.99

국내에서 주목을 끌고 있는 천연자원 펀드들이 이런 관련 기업에 투자를 하는 펀드이다. 원유를 예를 들어 보면, 원유를 탐사하는 기업, 시추하는 기업, 유전을 관리하는 기업, 원유를 수송하는 기업 등 다양한 기업들과 산업이 유가 상승의 수혜를 입었다. 천연자원 펀드들은 이런 기업들에 투자를 하는 펀드들이다. 실제로 유가가 지속적으로 상승해 온 몇 년간의 수익률 추이를 살펴보면 등락은 있었지만, 꾸준히 상승하는 모습을 보여주고 있다.

유가와 관련된 국가의 투자도 유망할 수 있다. 유가의 상승은 유전을 보유하고 있는 국가에 부로 이어지기 때문이다. 동유럽, 중동, 아프리카 등에 세계적인 투자은행과 운용사들이 앞다투어 사무소를 열고, 관련 상품을 출시하는 이유도, 이런 천연자원의 중요성을 알고 있기 때문이다. 실제로 2007년 4분기부터 천연자원이 풍부한 국가들의 수익률이 두드러지기 시작한 것을 보면 알 수 있다.

언론에서는 잘 나오지 않았지만, 2007년 4분기 주가 상승률이 가장 높은 상위 5개 국가는 사우디(42.67%), 두바이(40.15%), 요르단(31.28%), 오만(29.33%), 이집트(21.43%) 순이다. 뜨거운 주목을 받았던 브릭스(BRICs) 국가 중에는 러시아와 인도만이 상위 10위 안에 들었다. 2008년 들어서도 이런 모습이 보이고 있는데, 2008년 1월 초를 기준으로 보았을 때, 연초 이후 주가 상승률이 높은 국가들은 카타르-중국 심천-요르단-오만-라트비아-사우디 순이다. 국가의 성장성이 높든가, 자원이 풍부한 국가들이 주목을 받고 있는 것이다.

금의 경우는 어떠할까? 금은 최근 들어 온스당 900달러를 돌파

하며 사상 최초로 900달러 시대를 맞이하였다. 금의 상승 배경에는 달러 가치의 하락에 따른 안전 자산 선호 현상과 금이라는 천연자원의 특성에 따른 수요와 공급의 불균형 등의 다양한 원인이 있었다. 앞으로도 금에 대한 수요는 쉽게 꺼지지 않을 것이라 예측되고 있다. 중국, 인도 등과 같은 신흥국가와 오일머니로 배를 두둑이 채운 중동 지역에서 금에 대한 수요는 꾸준히 증가하고 있으며, 국제 자본들이 포트폴리오 차원에서 금에 대한 편입을 확대하고 있기 때문이다.

따라서 개인들의 경우에도 금에 대한 관심이 지속적으로 필요할 것으로 판단되는데, 필자의 경우 2005년경부터 강의 때마다 거의 빠지지 않고 금에 대한 투자를 강조해 왔다. 당시에는 금본위제부터 브레튼 우즈 체제를 거쳐서 전 세계 중앙은행들의 달러 자산 보유량 등 다양한 역사적 배경과 경제 체제를 설명해서 말을 했는데, 지금은 당시와 비교해 상당히 많이 올라가서 부담스러운 수준인 건 사실이다. 하지만 강의에 역시 빼놓지 않고 했던 말 중에 하나는, 화폐는 의미가 소멸되면 종이 조각이 되지만, 금의 경우 과거부터 현재까지 화폐의 역할을 해 온 상품이라는 것이었다. 따라서 주식의 경우 가격이 폭락하면 종이 조각이 되지만, 금의 경우 폭락을 해도 실물이 남는다.

이런 맥락에서 볼 때 금에 대한 투자는 금 관련 펀드보다는 실물 금에 투자하는 것을 권하고 싶다. 국내에도 골드뱅킹이라 하여 실물 금에 투자하는 상품이 있는데, 매월 적립식으로 투자를 할 수도 있고, 목돈을 일시에 거치식으로 투자할 수도 있기 때문에 직장인도 매월 그램(g) 단위로 조금씩 사두는 것이 좋다. 향후 금의 가격이 올라가면 실물 금(99.99% 순금)으로 인출이 가능하기 때문에, 자산가치가 하락해도 실물이 남아 있는 부동산과 같은 형태의 투자자산으로 생각하면 된다.

지금까지 물가 상승기에 인플레이션에 투자하는 방법을 알아보았다면, 이제는 인플레이션을 활용하는 방법을 생각해 보자. 인플레이션 시기에는 투자에 대한 수익률이 감소하게 된다. 따라서 성장 자산에 투자를 하여 인플레이션을 뛰어넘는 투자 수익률을 거두는 것을 생각해 볼 수 있다. 이런 대표적인 자산이 주식이다. 물론 인플레이션은 주식에 악영향을 끼치는 대표적인 변수 중에 하나이다. 하지만 과거부터 물가가 상승을 해 왔지만, 삼성전자, 현대중공업, 신세계, 농심 등과 같은 업종 대표 기업들의 주가는 그 물가상승률을 뛰어넘는 탁월한 투자 수익률로 인플레이션의 위험으로부터 벗어날 수 있는 기회를 주었다.

또 다른 방식은 자산가치가 우량한 기업에 투자를 하는 전략이다. 이 전략은 평소 존경하는 선배이자 2007년 베스트 애널리스트에 선발된 대우증권의 이경수 연구원이 주장했던 전략인데, 충분히 설득력이 있으며 신선한 투자전략이기 때문에 소개하고자 한다. 인플레이션이 기업 이익을 갉아먹는다고 가정해 보자. 기업 이익이 떨어지게 되면 이익이 기반이 된 주가수익비율(PER : P/E Raito)과 같은 상대지표들은 사실상 큰 의미를 부여하기 힘들다.

따라서 인플레이션이 부각되지 않던 시기에는 기업의 이익에 촉각을 세우고 그에 따른 주가의 흐름을 예상하던 PER Driven Market(주가 수익 비율이 시장을 주도하던 시장)이었다면, 또한 인플레이션이 문제가 되는 시기라면 자산가치가 시장을 주도하는 PBR Driven Market(주가 순 자산 비율이 시장을 주도하던 시장)이 될 수도 있다는 논리가 가능하다. 따라서 실물 자산을 반영한 지표인 PBR가 낮은 대표적인 자산주에 투자하는 것이 인플레이션 시기에 위험을 피하면서 수익을 노려볼 수 있는 투자 방법이 될 수 있다.

사실 이 밖에도 다양한 투자 자산들이 있다. 최근 주목을 받는 미술품, 와인 등의 실물 자산도 인플레이션을 방어할 수 있는 자산이 될 수 있고, 물가연동 채권이나 금융공학적으로 설계된 펀드들의 경우에도 일정 수준에서는 자산가치의 변동에 중립적인 형태로 꾸준한 수익을 낼 수 있는 경우도 있다. 재테크에 있어서 금리, 물가, 경기 등과 같은 단어들은 향후 지속적으로 접하게 될 것이다. 매번 이런 변수들의 움직임 뒤에 전략을 수정하기 보다는 조금만 앞서서 생각하면, 위험을 기회로 적절히 활용할 수 있을 것이다.

물가가 상승하여 나의 자산가치가 떨어질까 불안한가? 그렇다면 물가에 직접 투자하거나, 물가를 뛰어넘는 투자를 생각해 보자.

리츠 투자시 유의할 점

✳ 닷컴 버블 이후 지속적인 상승을 해 온 부동산 지수가 2007년에 들어서서 급격한 하락세를 보이고 있다. 한국의 경우에도 리츠 재간접 펀드가 도입된 이래 지속적인 상승을 보이면서 주목을 받았고, 이에 많은 투자자들이 2006년 말에서 2007년 초에 리츠 펀드에 투자하기 시작하였는데, 현재는 대부분의 계좌들이 마이너스를 보이고 있다.

리츠가 상승 시기를 달리던 때에는 리츠의 가격이 매우 싼 편이었다. 실제로 당시 대표적인 부동산 투자회사인 미국의 사이먼 프로퍼티(Simon Property) 같은 경우에도 주가수익비율(P/E ratio)이 낮았고, 높은 배당 수익률을 지속했다는 점이 매우 매력적이었는데, 현재는 그런 가격적인 이점이 많이 사라진 상태이다.

과거의 사례를 살펴보면 투자자는 리츠의 배당 수익률이 국채 수익률보다 높을 경우 리츠 투자를 통해서 높은 수익을 얻을 수 있는 것으로 나타났는데, 현재는 리츠의 배당 수익률이 현저하게 떨어져 있는 상태이다. 바꿔 말하면, 이는 리츠 펀드가 현재는 과거에 비해 투자 매력이 떨어졌다는 것을 의미한다. 실제로 2001년 리츠 자산 그룹은 평균 8%대의 배당을 지급하였고, 국채는 3%대의 수익률을 기록하였으나, 2007년에는 정반대의 상황이 벌어졌다. 또한 1997

년 리츠가 가격적으로 최고였을 때보다 현재의 가격이 더 비싸다.

리츠 투자자산이 투자 대상으로써 매력적인 것은 사실이지만, 대부분의 투자자산이 그렇듯이 상승기와 조정기, 그리고 하락기가 있는 것이다. 리츠에 투자하기를 원한다면 무턱대고 들어가기보다는 투자 환경을 꼼꼼하게 점검해 보고 들어가야 손실을 볼 확률을 줄일 수 있다. 여러 번 강조하지만, 어떤 자산이든 간에 모든 사람들에게 공통적으로 좋은 상품이란 없으며 어떤 시기에든 무조건 이익을 낼 수 있는 상품은 존재하기가 힘들다. ✳

투자성공에 근접하는 효율적인 투자자산 그룹

저금리 시대가 본격화되고, 주식시장이 새로운 시대를 맞이하면서 개인들은 간접투자의 형태인 펀드나 직접투자 등 다양한 형태의 투자로 주식시장의 상승 혜택을 누리려 하고 있다. '주식'이라는 단어에 상당한 거부반응을 일으키던 주부들이나 직장인들도 이제는 삼삼오오 모여서 "옆집 누구 엄마는 중국 펀드로 몇 십 퍼센트의 수익을 냈다더라", "어느 종목에 투자를 해서 얼마를 벌었더라" 등의 대화가 일반화되기 시작하였다. 지금까지가 이런 펀드나 주식투자의 일반화 과정의 시기였다면, 앞으로는 과연 어떤 투자 수단이 나에게 적합하고 어떤 투자 수단이 효율적인가도 고민을 해봐야 한다.

경영학과 경제학을 공부하면서 가장 익숙하게 사용했던 용어 중 하나가 '효율성'이다. 시험을 보면서 "~에 대해서 논하라"라는 문제가 나오면 어김없이 '효율성'이라는 단어로 멋지게 문장을 꾸미곤 했는데, 이 '효율성'이라는 단어는 투자하는 투자 비용에 대비해서 얻을 수 있는 효용의 측면에서 생각하는 경제학적 용어의 일종이다. 동일한 위험이 있다면, 조금 더 높은 수익을 얻을 수 있는 것이 효율적인 것이며, 투자 수익률이 비슷하다면 조금 더 낮은 위험으로 투자를 할 수 있는 것이 효율적인 셈이다.

우리가 흔히 접하는 펀드나 주식 투자에 있어서도 이런 효율적인 상품들이 존재한다. 하지만 일반 투자자들에게 널리 알려져 있지 않고 금융기관보다 적극적인 홍보를 하지 못해서 우리가 쉽게 떠올리지 못할 뿐이고, 사실은 우리 가까이에서 접할 수 있는 것들이다.

최근 출시되는 투자 대상들은 매우 복잡하고 다변화되고 있다. 상품 이름조차 생소한 것들이 많으며, 어떠한 기초자산들이 투자 대상인지 어떠한 방식으로 운용되는지 등에 대해서도 상당히 어려운 설명을 곁들이고 있다.

스콜라 철학자인 윌리엄 오컬이 주장한 논리의 경제성을 뜻하는 '오컴의 면도날(Ockham's razor)'이라는 용어가 있다. 어떤 사실에 두 가지 이상의 가설이 있을 때 가장 단순한 것이 정답일 수 있다는 의미이다. 즉 논리나 이론 체계에 있어서는 간결하고 단순한 것일수록 진실에 가까울 수 있다는 말이다. 투자에 있어서도 비슷하다. 성공적인 투자는 기초에 근거해야 하며, 투자 방법이 단순하며, 시간이 장기로 갈수록 성공의 확률에 근접할 수 있다. 이제 단순하면서도 성공의 확률에 근접할 수 있는 효율적인 투자 대상에는 어떤 것들이 있는지 알아보도록 하자.

|||| 효율적 투자의 대표주자, 상장지수 펀드(ETF)

ETF(Exchange Traded Funds)는 상장지수 펀드로 주식과 같이 거래소에서 매매된다. 상장지수 펀드는 펀드가 이미 도입된 선진국에서도 만들어진 지 얼마 되지 않은 상품이다. 미국의 경우에도 1990년대부터 본격적인 각광을 받기 시작하였고, 한국의 경우에도 2000년 중반에 들어서야 비로소 일반 투자자들의 주목을 끌기 시작한 상품이다.

하지만 그 성장률은 실로 무서울 정도다. 한국의 경우 2002년 당시 자산 규모가 3,500억 원 정도에 불과하다가 최근 들어서는 1조 5천억 원이 훌쩍 넘어갈 정도로 규모가 부쩍 커버렸다. 미국의 경우에는 2000년 대비 자산 규모가 670% 급증하였다. 동 기간의 여타 글로벌 펀드와 비교했을 때 한국이나 미국 등에서의 상장지수 펀드의 성장률은 과히 세계적인 수준이라 할 수 있다. 상장지수 펀드의 이런 폭발적인 반응의 이유는 무엇일까?

그 해답은 바로 투자의 효율성과 높은 성과로 설명할 수 있다. 상장지수 펀드는 국내의 경우 KOSPI200 등과 같은 특정한 주가지수의 움직임을 따라가도록 설계된 펀드이다. 상장지수 펀드를 운용하는 운용사에서는 상장지수 펀드가 대상 주가지수와의 움직임이 일치하지 않을 때는 바스켓 조정 및 차익거래 등을 통하여 일치시키는 전략을 추구하고 있다.

여기서 한번 생각해 볼 문제가 있다. 펀드에 투자하기 위해서 증권사나 은행 등을 방문하여 펀드 설명이 담긴 리플렛이나 제안서를 보게 되면 "본 펀드는 벤치마크(Bench Mark)지수 대비 초과 수익률을 추구하며…" 등의 문구를 흔하게 볼 수 있다. 여기서 의미하는 벤치마크 지수는 다름 아닌 KOSPI200 등과 같은 특정 지수를 의미하는데, 상장지수 펀드는 이 벤치마크 지수를 초과하는 것이 목적이 아니고, 벤치마크 지수를 따라가는 것이 목적이라고 말하고 있다. 이런 논리라면 일반 펀드의 성과가 상장지수 펀드를 앞선다는 의미가 될 수 있을까? 정답은 "아니다"이다. 일부 펀드는 분명히 특정 지수를 대상으로 초과 수익을 낼 수 있지만, 대부분의 펀드는 중·장기적인 시각에서 보았을 때 특정 지수의 수익률을 이기는 것은 쉽지 않다.

미국에서 10년간 지수 수익률을 상회한 펀드 비율

(1995.12.~2005.12)

유 형	가치주 투자 펀드		혼합주 투자 펀드		성장주 투자 펀드	
	세전	세후	세전	세후	세전	세후
대형주 투자펀드	18%	3%	28%	11%	61%	32%
중형주 투자펀드	24%	3%	43%	23%	48%	24%
소형주 투자펀드	49%	23%	39%	19%	83%	71%

자료 : Morning Star, US equity mutual funds, Rusell Indexes

위의 표는 펀드 투자가 한국보다 일찍 도입된 미국의 뮤추얼 펀드들과 지수와의 투자 수익률을 10년간 비교한 표이다. 대형주이면서 가치주에 투자하는 펀드의 경우 지수 수익률을 앞지른 펀드는 전체 펀드의 3%에 불과하며, 그나마 운용이 잘된 대형주이면서 성장주에 투자하는 펀드들의 경우에도 전체 펀드의 32% 정도만 지수 수익률을 상회한 것으로 나타나고 있다.

세계적인 자산 운용사인 피델리티(Fidelity)의 전설을 이룬 펀드가 있다. 펀드 규모가 1,100억 달러에까지 이르며, 피터 린치(Peter Lynch)라는 증권업 종사자들의 존경을 한 몸에 받는 펀드 매니저가 운용한 '마젤란 펀드'이다. 마젤란 펀드는 전 세계 뮤추얼 펀드의 대명사로 불릴 만큼 큰 인기를 끌었으며, 1977년부터 1990년까지 2,700%의 누적 수익률을 기록하였다. 이런 마젤란 펀드 역시 1964년부터 2006년까지 42년 동안 연도별 수익률을 분석해 보면 S&P500 지수를 초과한 것은 19번에 지나지 않으며, 나머지 23번은 지수 수익률을 초과하지 못한 것으로 나타나고 있다. 더불어 최근에는 미국의 10대 펀드 중 유일하게 다우지수 수익률을 하회한 펀드로 전락하여 펀드의 규모마저도 급감하고 있다.

국내의 경우에는 어떨까? 국내에 펀드 문화가 본격적으로 확산되기 시작한 시점이 얼마 되지 않은 관계로 장기간의 수익률을 비교하는 것은 쉽지 않은 편이다. 하지만 3년 정도의 시간을 놓고 비교해 보았을 때, 국내 성장형 펀드의 경우에도 지수 수익률을 앞선 성과

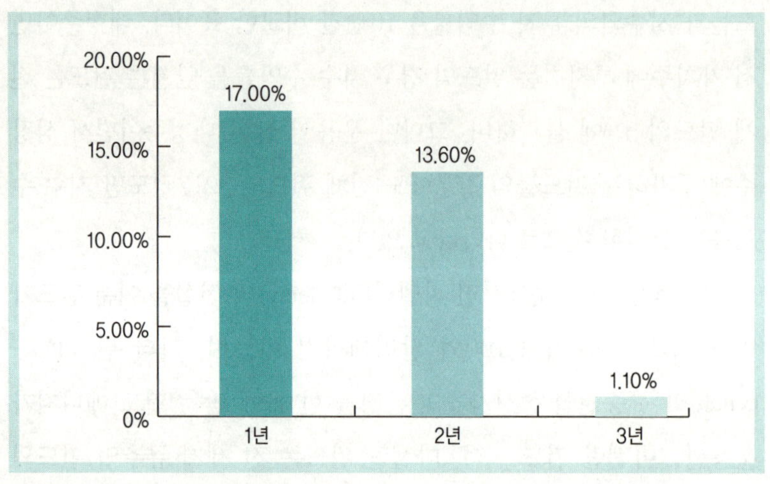

가 뛰어난 펀드들을 3년 정도 분석해 보면, 1년 동안 지수 수익률을 초과할 확률은 17% 정도에 그치며, 2년 동안 지수 수익률을 초과할 확률은 13.6%, 3년 동안 지수 수익률을 초과할 확률은 1.1%에 그치는 것으로 나타나고 있다. 이 글을 읽고 있는 지금 펀드 분석에 많은 시간을 투자한 개인의 경우 허탈감을 넘어서 배신감을 느낄 수도 있겠지만, 이는 국내에만 국한된 문제가 아니라는 것을 명심해야 한다.

일반 펀드들이 지수 수익률을 초과하는 것이 쉽지가 않다면, 혹은 중·장기적으로 초과 수익률을 내는 것이 쉽지 않다면, 개인이 선택할 수 있는 대안은 상장지수 펀드에 투자를 하는 것이다. 상장지수 펀드는 앞에서 언급한 바와 같이 시장 지수의 움직임을 따라가도록 설계되어 있기 때문에 이런 문제점을 해결할 수 있다는 장점이 있다. 즉, 소액의 자금으로 주식시장 전체를 살 수 있다.

상장지수 펀드의 또 다른 장점이 있다. 바로 저렴한 비용이다. 국내 대부분의 주식형 펀드들이 연간 평균 보수가 2%대임을 감안하면 상장지수 펀드의 보수는 상당히 낮은 편이다. 상장지수 펀드의 연평균 보수는 0.49~0.58% 정도 수준으로 일반 주식형 펀드에 비해 1/4 수준에 불과하다. 이는 장기간 투자할수록 동일한 수익률을 낸다고 가정했을 때 상장지수 펀드가 상대적으로 높은 수익을 낼 수 있는 기반을 마련해 준다.

비용의 수익률 잠식 효과

(연 평균 기대 수익률 10% 가정시)

기간(년) \ 비용	1.0%	1.5%	2.0%	2.5%	3.0%
3	3.60%	5.37%	7.13%	8.87%	10.60%
5	7.19%	10.69%	14.12%	17.49%	20.80%
10	22.64%	33.28%	43.48%	53.27%	62.66%
15	53.48%	77.75%	100.51%	121.84%	141.82%
20	112.31%	161.55%	206.65%	247.96%	285.78%
30	418.17%	589.12%	738.67%	869.44%	983.71%

표에서 보듯이 비용의 차이는 수익률을 잠식하는 크기가 해가 지날수록 기하 급수적으로 커지게 마련이다. 장기로 갈수록 수익률의 차이는 적게는 몇 십% 정도에서 몇 백%에 이르는 것으로 나타나고 있으며 금액이 커질수록 이런 체감 금액은 더 커지게 되어 있다. 따라서 중·장기적인 투자자에게는 저렴하게 투자를 할 수 있는 투자 수단을 확보해야 하는 고민을 안겨주는 것이다.

상장지수 펀드의 또 다른 장점은 펀드 선택에 있어서 큰 고민이 필요없다는 것을 들 수 있다. 일반 펀드의 경우 운용사별로 수많은 펀드가 판매되고 있으며, 판매를 담당하는 금융기관별로 추천하는 펀드가 다르기 때문에, 어떤 펀드를 선택하느냐의 문제가 상당한 고민거리로 작용하는 경우도 있다. 이런 고민의 원천은 '펀드를 잘못 선택하면 내가 선택한 펀드만 수익률이 안 좋게 나오지 않나?' 라는 생각 때문인데, 사실 이런 고민은 어느 누가 나서서 명쾌하게 해결해 주기가 쉽지 않은 문제이다. 하지만 상장지수 펀드는 이야기가 조금 다르다. 펀드 간의 수익률 차이가 크게 나지 않기 때문이다. 이는 앞에서 이야기한 바와 같이 지수를 추적하는 펀드이기 때문에, 지수의 움직임과 비슷한 수익률을 내야 하는 것이며, 따라서 상장지수 펀드 간 수익률 차이는 크게 날 수 없는 구조가 될 것이다.

국내 펀드 유형별 최고 수익률과 최저 수익률 간의 격차(2003~06년)

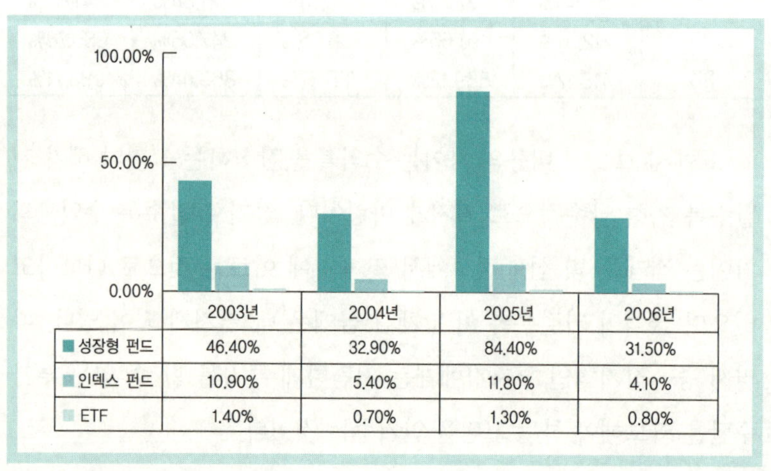

	2003년	2004년	2005년	2006년
성장형 펀드	46.40%	32.90%	84.40%	31.50%
인덱스 펀드	10.90%	5.40%	11.80%	4.10%
ETF	1.40%	0.70%	1.30%	0.80%

실제로 국내의 성장형 펀드와 상장지수 펀드의 서로 간의 수익률을 비교해 보면 이를 알 수 있다. 성장형 펀드 중 최고 수익률을 기록한 펀드와 최저 수익률을 기록한 펀드의 차이는 2003년 이후 평균 48.8%에 이르고 있다. 이는 개인의 펀드 선택에 따라서 연간 48% 정도의 수익률이 달라질 수 있다는 의미이다. 펀드 선택을 잘못했다가는 투자 원금의 절반 수준의 규모가 왔다갔다 할 수 있는 것이다. 하지만 상장지수 펀드의 경우에는 동 기간 연 평균 1.05% 수준의 편차밖에 나지 않는 것으로 나타나고 있다.

상장지수 펀드는 진화하고 있다. 2006년 6월부터 국내에서는 특정 섹터에 투자할 수 있는 섹터 ETF 상품이 출시되었다. 현재는 자동차 업종, 은행 업종, 반도체 업종에 투자가 가능하다. 만약 개인이 향후 국내의 자동차 업종이 세계에서 큰 활약을 보일 것이라고 판단되면, 전체 지수를 추종하는 상장지수 펀드보다는 자동차 업종에 투자되는 상장지수 펀드에 중·장기적인 투자를 하는 것도 좋은 전략이 될 수 있다.

이뿐 아니다. 2007년부터는 해외 상장지수 펀드에도 투자가 가능하다. 현재 증권선물 거래소와 7월 중 해외 상장지수 펀드의 국내 상장을 목표로 의향 각서를 체결한 유럽 최대의 자산 운용사인 릭소(Lyxor)가 제안한 상장지수 펀드의 종목은 MSCI 아시아퍼시픽지수(MSCI AC Asia-Pacific ex Japan), 중국항셍지수(Hang Seng China Enterprise Index), MSCI 인도지수(MSCI India), MSCI 월드지수(MSCI

World), MSCI 유럽지수(MSCI Europe), 다우존스 유럽지수(DJ Euro Stoxx50), MSCI 미국지수(MSCI USA), 일본 TOPIX지수 등으로 알려져 있다. 따라서 개인이 원한다면 효율적인 투자를 국내뿐 아니라 해외로도 그 영역을 넓힐 수 있다는 얘기다.

또한 해외 상장지수 펀드는 세금을 0.3%(증권거래세)만 내게 될 것으로 알려져 있는데, 이럴 경우 해외 직접 투자시 내는 세금인 22%와 해외 펀드의 일반 과세인 15.4%에 비해서 매우 저렴할 것으로 예상된다. 적은 비용으로 큰 효과를 낼 수 있는 진정한 효율적인 해외 투자 펀드가 탄생되는 것이다.

2030세대가 상장지수 펀드(ETF)에 주목을 해야 하는 이유는 단순하다. 젊은 세대이기 때문이다. 세대가 젊다는 것은 현재까지 일한 기간보다는 앞으로 일해야 할 시간이 더 많이 남았다는 의미이고, 수입 역시 앞으로 더욱 많이 들어올 수 있다는 것이다. 이렇게 들어오는 수입을 여러 투자 대상을 골라서 관리를 하겠지만, 분명히 중·장기적으로 투자할 대상이 필요할 수 있을 것이고, 그런 면에서 상장지수 펀드는 매력 있는 후보가 되는 것이다. 비용의 부담이 적어서 중·장기 상품으로 무리가 없으며, 수익률 역시 좋다는 측면은 자산 운용 기간이 상대적으로 많이 남아 있는 2030세대에게는 훌륭한 효자 노릇을 할 수 있을 것이다.

상장지수 펀드는 가장 저렴하게 한 국가의 경제적 성장의 혜택을 누릴 수 있는 상품 중에 하나이다. 적게는 국내의 특정 산업부터 넓게는 해외 국가까지 투자 대상이 다양하며, 저렴한 비용과 기대 이상의 수익률 등은 투자에 있어서 합리적으로 판단해야 하는 개인들에게는 매력적으로 다가오는 상품임에 분명하다.

⏐⏐⏐⏐ 또 다른 효율적 투자자산, 인덱스 펀드

상장지수 펀드에 이어서 인덱스(Index) 펀드를 소개하는 이유는 두 가지 상품이 서로 연관성이 있기 때문이다. 두 상품 모두 지수를 추종한다는 점에서 유사한 상품이다. 상장지수 펀드는 거래소에서 주식과 같이 매매되기 때문에, 증권 계좌를 통해서 직접 매수해야 하는 상품이고, 인덱스 펀드는 증권사나 은행 등의 판매 창구를 통해서 투자할 수 있는 펀드 상품이다.

하지만 엄밀히 보면 두 가지 상품에는 약간의 서로 다른 점이 존재하고 있다. 우선 상장지수 펀드(ETF)는 주로 주식을 편입하여 운용한다. 인덱스 펀드에서 많이 활용하고 있는 선물이나 합성 선물 등은 잘 활용하지 않는 편인데, 이는 상장지수 펀드의 경우 지수 추종이 가장 큰 목적이기 때문이다. 반면에 인덱스 펀드는 지수 대비 약간의 초과 수익률을 높이는 것이 목적이다. 물론 인덱스 펀드 역시 지수 추종이 큰 목적이긴 하다. 하지만 국내의 인덱스 펀드의 대부분은 지수 대비 약간의 초과 수익률을 내는 진보된 인덱스 펀드(Enhanced Index Fund)의 유형에 포함된다. 따라서 선물이나 합성

선물 등을 이용하게 된다.

　인덱스 펀드의 유형은 크게 세 가지로 나누어 볼 수 있다. 가장 기초적인 순수 인덱스 펀드(Pure Index Fund)와 진보된 인덱스 펀드(Enhanced Index Fund), 그리고 역 인덱스 펀드(Reverse Index Fund)이다. 순수 인덱스 펀드는 목표가 되는 KOSPI200과 같은 지수나 해당 시장을 완벽하게 복제하는 것을 목표로 하고 있다. 세 가지 유형 중에서 상장지수 펀드와 가장 유사한 형태의 상품인 것이다. 진보된 인덱스 펀드(Enhanced Index Fund)는 기본적으로는 지수를 추종하는 것을 목표로 하지만, 일정 제한적인 범위 내에서는 지수 초과를 위한 전략을 사용하는 펀드이다. 국내에서 판매 중인 인덱스 펀드는 진보된 인덱스 펀드 유형이 많은 편이며, 이는 선진국에 비해 차익거래(위험 없이 시장 간의 일시적인 가격 차이를 이용하여 이익을 얻는 거래)의 기회가 많기 때문이다.

대표적인 인덱스 펀드 상품과 수익률 추이

(기준 : 2007년 12월 18일, 단위 : %)

펀드명	1개월	3개월	6개월	1년
유리 인덱스200	3.38	0.57	10.60	35.02
한국 부자아빠인덱스	3.07	0.34	10.30	33.68
하나UBS 파워인덱스	2.97	0.79	93.90	32.42
삼성 인덱스플러스	3.09	0.21	10.72	34.96
교보 파워인덱스	3.28	0.60	11.16	35.97

　이 때문에 인덱스 펀드에서는 주식과 합성선물 등을 활용하여 상

대적인 가치를 비교하여 저평가 자산의 교체 매매 등을 활용하여 지수 대비 초과 수익을 누리는 전략을 활용하고 있다. 그러면 실제로 이런 전략이 유효한가에 대해서는 지수를 추종하는 상장지수 펀드(ETF)와의 비교를 통해 알아볼 수 있다. 국내의 대표적인 상장지수 펀드인 KODEX200이 거래된 2002년부터 2006년까지 4년 정도의 수익률을 비교하면 인덱스 펀드의 수익률이 상장지수 펀드의 수익률보다 조금 더 높게 나오는 것으로 나타나고 있다. 이는 진보된 인덱스 펀드의 전략이 최근까지는 성공한 것으로 평가될 수 있는 부분이다.

그러면 상장지수 펀드보다 인덱스 펀드가 좋은 것인가? 여기에 대한 정답은 없다. 두 가지 상품에 서로 다른 장점이 존재하기 때문이다. 일단 보수 차원에서 인덱스 펀드가 상장지수 펀드에 비해 높은 편이다. 물론 일반 펀드보다는 낮다. 따라서 이런 보수 부분이 향후 인덱스 펀드의 수익률에 어떤 영향을 미치는지 생각해 보아야 한다. 인덱스 펀드는 지수 대비 약간의 초과 수익을 추구하는 것이 전략이라고 하였는데, 이 초과 수익 부분이 지출하는 비용보다 크다면 상장지수 펀드보다 더 나은 성과를 낼 수 있는 것이다. 또한 상장지수 펀드는 현금 배당을 실시한다. KODEX200의 경우 작년 기준으로 세 차례 현금 배당을 실시하였는데, 이는 지수(KOSPI200)가 배당을 포함하고 있지 않기 때문에 추적 오차를 줄이기 위해 현금으로 배당하는 것이다. 현금 배당으로 투자자가 어떤 투자 전략을 하느냐에 따라서 인덱스 펀드 투자자와 다른 결과를 가져올 수도 있다.

마지막으로는 실시간 매매 가능 여부이다. 상장지수 펀드의 경우에는 실시간으로 매매가 가능하기 때문에 투자 의사 결정과 실제 투자 간의 시간적 차이가 적다. 이런 부분이 긍정적으로 작용할 수도 있지만, 부정적으로 작용하여 개인에게 있어서 중·장기 투자를 가로막는 부분이 될 수 있다. 실시간으로 개인이 볼 수 있기 때문에, 수익이 나거나 손실이 나게 될 경우 펀드를 팔려고 하는 경향이 강해진다는 것이다. 실제로 펀드를 사고파는 회전율을 기준으로 보았을 때 2006년 1년간 상장지수 펀드의 회전율은 기준 지수에 비해 2~3배 높은 것으로 나타나고 있다. 그리고 상장지수 펀드의 경우 일부 상품은 거래량이 적기 때문에 가격 왜곡 현상(조금만 수요가 생겨도 가격이 상승하고, 조금만 공급이 생겨도 가격이 떨어지는 현상)이 일어날 수 있다.

상장지수 펀드와 인덱스 펀드 비교

주요 이슈	상장지수 펀드(ETF)	인덱스 펀드
실시간 매매	가능	불가
환 매	즉시 환매 가능 (현재가 적용)	펀드와 동일 (환매 신청일 이후 기준가로 적용)
보 수	저렴한 보수	ETF<인덱스<일반 펀드
거래비용	저렴	ETF에 비해 높음
추적 오류	추적 오류 적음	추적 오류 발생 가능성 높음

인덱스 펀드와 상장지수 펀드의 선택 문제는 개인에게 맞는 상품을 선택해야 한다는 것이 정답이다. 두 가지 상품 모두 비용이 저렴

하고, 중·장기적으로 성과가 좋게 나온다는 공통점은 있지만, 각각의 장단점은 분명히 존재하기 때문이다. 하지만 분명한 것은 펀드 투자를 고려하고 있는 투자자의 입장에서는 효율적인 상품이라는 측면에서 좋은 대안이 될 수 있는 상품들이다. 가장 단순한 것이 진실에 가까울 수 있다는 '오컴의 면도날'을 다시 한번 생각해 보도록 하자.

||||| 효율적 전략 구성이 가능한 주식 워런트 증권(ELW)

주식 워런트 증권(ELW)은 개별 상장 주식 또는 특정 주가지수 등의 기초자산을 미래의 일정시점에 미리 약속한 가격으로 사거나 팔 수 있는 권리가 부여된 유가증권을 의미한다. 국내에서는 2005년 12월에 등장하여 거래 대금이 10배로 급증하며, 전 세계에서 4위 수준, 아시아에서는 홍콩 다음인 2위 수준까지 등극하였다. 상장 종목 수는 초기 72개에 불과하던 것이 이제는 1,000개가 넘게 상장되어 있다. 오히려 기존의 세계 1위 시장이었던 옵션시장이 주식 워런트 증권으로 인하여 주춤하고 있는 상황이다. 주식 워런트 증권이 이렇게 크게 발전한 이유 중에는 상품이 가진 독특한 특성 때문이다. 적은 비용으로 삼성전자처럼 비싼 주식을 보유하고 있는 효과를 낼 수 있으며, 주가 상승기뿐 아니라 하락기에서도 수익을 낼 수 있는 구조를 가지고 있기 때문이다.

주식 워런트 증권은 고위험·고수익의 대표적인 상품이기 때문에, 개인들이 자산관리 수단으로 접근하기에는 쉬운 대상이 아니다. 오죽했으면 공중파의 모 오락프로그램에서 "PB들이 웬만하면 권하지 않는 투자상품"으로 소개되기도 하였다. 상품 자체가 가지고 있는 특성이 일반 투자자들이 준비하지 않고 접근하였다간 낭패를 보기 십상이기 때문이다. 하지만 주식 워런트 증권도 잘만 구성한다면 효율적인 전략 구성이 가능한 상품이기도 하다. 단, 리스크 관리하에 말이다.

주식 워런트 증권의 전략은 크게 세 가지로 나누어 볼 수 있다. 개별 주식이나 특정 지수가 상승할 것인가 하락할 것인가를 예상하며 한 방향에 베팅을 하는 투기성 전략(speculator), 그리고 보유하고 있는 주식이 하락시 손실을 줄일 수 있게끔 개별 주식의 풋 ELW를 매수하는 헤지 전략(Hedge), 그리고 마지막으로 적은 금액으로 주식을 직접 사서 보유하고 있는 것과 동일한 효과를 내는 현금창출 전략(cash extraction)이 있다. 여기서는 효율적인 전략 부분을 설명하기 때문에 현금창출 전략을 소개하기로 하겠다.

현금창출 전략의 개념은 단순하게 생각하면 된다. 개인이 '현대차'라는 기업이 향후 좋아질 것으로 예상하여 100주를 매수하려고 할 때 현금으로 사는 경우가 일반적이지만, 주식 워런트 증권을 이용할 경우 보다 싼 가격에 현대차 100주를 매수한 효과를 볼 수 있는 전략을 의미한다. 즉, 실제로는 현대차 100주를 보유하고 있지 않지만, 주식 워런트 증권을 이용하여 비슷한 효과를 내도록 복제한

후 남는 현금을 인출하여 다른 목적으로 사용하는 전략이다.

간단한 예를 들어 설명해 보도록 하자. 투자자 A는 현대차 100주를 보유하려고 한다. 상승할 것이라 예상을 하고 있지만, 하락할 위험도 고려하여 투자를 하려고 한다. 현대차의 현재가가 70,000원일 때 100주를 보유하기 위해서는 7백만 원이 필요하다(거래비용은 제외하고 계산하기로 한다).

그러나 친구 B의 조언으로 주식 워런트 증권을 활용하는 전략을 구성하려고 한다. 행사 가격이 70,000원인 현대차 콜 ELW의 현재 가격은 450원이다. 전환비율은 0.1이고 델타는 0.55라고 상품 소개에 나와 있을 경우, 투자자 A씨가 현대차 100주를 보유한 것과 동일한 효과를 내기 위해서는 현대차 콜 ELW가 1,810주 필요하다. 실제 필요한 현대차 주식 수량을 ELW의 상품 소개에 나와 있는 전환비율과 델타로 나누면 나오는 수치다.

1,810주를 사기 위해서는 ELW의 현재가가 450원이므로 814,500원을 투자하면 살 수 있다. 전략을 구성하고 나니 현대차를 실제로 매수하는 7백만 원에 비해서 618만 원 정도의 잉여 현금이 발생하게 된다. 현대차를 보유한 것과 동일한 효과를 낼 수 있으면서 투자 금액은 크게 줄일 수 있는 전략이 되는 것이다.

그러면 투자자 A씨는 현대차가 실제로 오르거나 내릴 때에 어떠한 손익이 나게 되는지 알아보기로 하자. 주가가 1만 원 상승하는 시

현대차 직접 매수와 ELW를 활용한 전략 비교

현대차 100주 매수시	현대차 ELW를 이용한 전략 활용시(6,185,500원 현금 잉여)	
현대차 현재가 : 70,000원 보유 수량 : 100주 총투자 비용 : 7,000,000원	현재가 : 70,000원 행사가격 : 70,000원 ELW 가격 : 450원 전환비율 : 0.1 델타 : 0.55 잔존만기 : 3개월	ELW 매입량 : 1,810주 =100/(0.1×0.55) ELW 매입비용 : 814,500원 =1,810주×450원

나리오와 1만 원 하락하는 시나리오로 나누어 보았을 때, 현대차 주식을 실제로 보유하였을 경우 1만 원 상승시에는 1만 원×100주가 되므로 1백만 원의 수익이 나게 되며, 1만 원 하락시에는 −1만 원×100주가 되므로 1백만 원의 손실이 나게 된다.

반면, 현대차 ELW에 투자하였을 때에는 상황이 조금 다르다. 현대차 주가가 1만 원 하락시에는 ELW 초기 투자금액인 814,500원이 손실을 보게 되어 손실이 제한되는 효과가 나타나게 된다. 현대차 주가가 1만 원 상승시에는 995,500원의 이익을 보게 된다. ELW 보유 수량인 1,810주에 현대차 주가 상승 금액인 1만 원과 전환비율 0.1을 곱하고 초기 투자금액을 빼주면 나오게 되는 이익 금액이다.

구 분	주가 하락 시나리오	주가 상승 시나리오
주가	60,000원	80,000원
현대차 실질 보유시 손익	−1,000,000원	1,000,000원
현대차 ELW 투자시 손익	−814,500원 (초기 투자금액)	995,500원 =1,810×10,000원 ×0.1−초기 투자금액

이제 어느 정도 감이 왔는가? ELW는 기초자산(개별 주식이나 특정 지수 등)의 주가가 심하게 하락할 경우 초기 투자금액이 손실 제한폭으로 작용하는 경우가 발생을 하고, 주가 상승시에는 유사한 금전적 이익을 가져다주는 전략이 가능한 것이다. 이것이 바로 효율적인 전략 구성이 가능한 현금창출 전략(cash extraction)이다.

2007년 4월 현재 상장 중인 '대우7012 현대차 콜 ELW' 손익 예시

현금창출(Cash Extraction)	
대상주식	현대차
대상 주식 매입 단가(가정)	60,000
희망 보유 수량	100
동일 포트폴리오 콜 워런트 매입량	1,704
초기 콜 워런트 매입비용	621,778
창출되는 잉여현금	5,378,223
ELW 행사가격	57,000
ELW 가격	365
델타	0.59
전환비율	0.10
보유주식 현재가	62,000
최종거래일	2007.06.13
종목명	대우7012현대차콜

현물 보유시 손익	₩ 200,000
콜 워런트 교체 매수 후 손익	₩ 229,973

　위의 표는 실제로 필자가 만들어서 사용하는 ELW 분석표 중 하나인데, 현금창출(cash extraction) 전략은 엑셀 등으로 쉽게 만들 수 있다. 그렇기 때문에 필요한 사람은 직접 만들어서 사용하면 예상되는 주가 흐름에 따라 실제의 현대차 주식 보유시 손익과 ELW로 교체하여 동일한 효과를 내도록 전략을 구성했을 때 전략의 손익을 함께 볼 수 있기 때문에 손익 흐름이 한눈에 들어오기 쉽다.

　주식 워런트 증권은 급증한 거래량만큼이나 상당히 많은 사람들이 투자하고 있는 상품이다. 투기 거래 전략이 많이 알려져 있긴 하지만, 투자 목표가 뚜렷한 사람에게는 주식을 사는 것 이외의 대체 전략으로 활용이 가능하다. 2030세대들이 오락용 주머니(Trading Pocket)로 소액 자금을 활용하면 주식시장과 ELW시장을 이해하는데 큰 역할을 해줄 수 있을 것이다. 투기가 아닌 위험 관리가 수반된 전략 차원에서의 접근을 한다면 말이다. 주식 워런트 증권은 독이 될 수도 있지만, 어떻게 활용하느냐에 따라서 득이 될 수도 있는 양날의 칼을 가진 상품이며, 적은 비용으로 주식을 보유한 것과 유사한 효과를 낼 수 있는 효율적인 상품이 될 수 있다.

상장된 스타일 ETF에 투자해 보기

✳ 　최근 국내 최초의 스타일 ETF가 상장되었다. 현재 시장지수 ETF(KOSPI200 지수, KRX100 지수, STAR 지수)와 섹터지수 ETF(반도체, 자동차, 은행, IT) 등 모두 12개 ETF가 상장되어 있는데, 여기에 스타일 ETF(가치, 성장주) 8개가 상장됨으로써 20개의 ETF를 활용한 전략적 측면의 투자가 가능한 시대가 열린 것이다. ETF는 널리 알려져 있듯이 거래소에 상장되어 있는 펀드를 의미한다. 펀드에 투자하면서 지불하는 비용 개념인 보수 등이 다른 펀드에 비해 상당히 저렴하며, 성과 측면에서도 결코 뒤지지 않고 더 높은 성과를 기록하는 경우가 많기 때문에 입소문을 통해서 그 가치가 입증되어 왔던 펀드 중 하나라고 할 수 있다.

이번에 상장된 스타일 ETF는 '사이즈+성장/가치'로 구분되는 스타일 지수를 추종하는 ETF 상품이다. 스타일이란 성장주들을 바탕으로 만들어 낸 성장주 지수와 가치주들을 바탕으로 만들어 낸 가치주 지수 등과 같이 주식의 스타일을 의미하는데, 스타일 ETF는 특성과 성과형태가 유사한 주식 포트폴리오의 집단을 구성하여 산출된 지수를 추종하는 ETF를 의미한다.

최근 상장된 스타일 ETF의 핵심은 "스타일을 어떻게 정의할 것인

최근 상장된 스타일 ETF 내역

운용사	ETF 명칭	대상지수
미래맵스	Tiger MF500 순수가치	MF 500 순수가치 지수
	Tiger 중형가치	MF 중형 가치 지수
삼성 투신	KODEX 중대형 가치	MF 중대형 가치 지수
	KODEX 중대형 성장	MF 중대형 성장 지수
	KODEX 중형 가치	MF 중형 가치 지수
우리 CS	KOSEF 대형 가치	MF 대형 가치 지수
	KOSEF 중형 순수가치	MF 중형 순수가치 지수
유리자산	Trex 중소형 가치	MF 중소형 가치 지수

가?"에 달려 있다. 가치주와 성장주의 구분이 자칫 애매할 수 있기 때문에, 어떠한 기준으로 분류를 하는지가 사실 ETF의 성과에 상당한 영향을 줄 수 있기 때문이다. 사실 많은 기업들이 '가치'와 '성장'의 특성을 가지고 있기 때문에 특정 기업을 가치주와 성장주로 구분한다는 것은 쉽지 않다. 따라서 스타일 ETF의 경우 가치주는 기업의 내재가치(주가 순자산 비율, 주가 현금흐름 비율, 배당 수익률, 주당 순이익 비율 등)보다 저평가된 종목을, 성장주는 성장 가능성(매출액, 순이익 증가율, 내부 성장률 등)이 높은 종목으로 분류를 하게 기준을 세워 놓았다.

일반적으로 경기 확장기에는 성장주가 시장 대비 초과 수익률을 보이며, 경기 수축기에는 가치주가 시장 대비 초과 수익률을 보이는

MF지수 Style Factor			
가치(Value)		성장(Growth)	
Factor	산출방법	Factor	산출방법
주가 순자산 비율	장부가치/시가총액	과거 5년 순이익 증가	과거 5년 EPS 성장 트렌드
주가 매출액 비율	4분기 매출액/시가총액	과거 5년 매출액 증가	과거 5년 SPS 성장 트렌드
주가 현금흐름 비율	현금흐름/시가총액	향후 3년 순이익 증가	ROE×(1-payout ratio)
배당 수익률	배당금/시가총액	향후 3년 매출액 증가	추정 3년 EPS 성장 트렌드
주가 예상순이익 비율	Fwd Earnings/시가총액	과거 3년 내부 성장률	추정 3년 SPS 성장 트렌드

자료 : Fn-Guide, 대우증권

경향이 높다. 이는 성장주와 가치주의 고유한 특성이 시장 장세에 따라 다른 모습을 보이기 때문에 일반적인 시장지수와는 다른 차별적인 모습이 나타난다. 또한 한국의 경우 2000년대 이후 성장주보다는 가치주 투자가 유리한 투자 여건이 조성되었는데, 실제로 2001년 이후 국내 주식시장이 210%의 상승률을 기록한 반면 동 기간 순수 가치주는 1,800%의 상승률을 기록하였다. 이번 상장된 8개의 스타일 ETF의 대부분이 가치주 관련 ETF라는 점도 이와 무관하지 않을 것이다.

스타일 ETF의 등장은 향후 ETF 시장의 확대와 개인의 다양한 투자 전략의 제공이라는 점에서 의미 있는 것으로 해석된다. 기존에 주식 직접투자를 통해 종목을 선정할 경우 느끼는 어려움과 간접투자 수단인 펀드를 활용할 때 매니저에게 전권 위임을 하여 어떤 전략으로 무슨 종목에 투자를 하는지에 대해 가졌던 궁금증 등이 다양한 ETF의 등장으로 일부 해소될 수 있을 것으로 판단된다. 가령 가치주를 선호하는 가치 투자자의 경우 직접투자를 위해 가치주를 찾아야 하는 노력과 시간을 절약할 수 있고, 진정한 가치주 펀드를 찾아야 하는 고생도 덜 수 있도록, 간단하게 스타일 ETF 중에서 가치지수를 추종하는 ETF를 선정하면 되는 것이다. 이뿐 아니라, 기존의 지수를 추종하는 ETF와 펀드 등과 함께 복합적인 투자를 병행한다면, 지수를 추종하면서도 초과 수익을 특색 있게 노릴 수 있는 "나만의 개성 있는 효율적 포트폴리오" 구성이 가능하게 된 것이다.

우리보다 일찍 스타일 ETF를 도입한 미국의 경우 우리나라 시장의 300배에 가까운 ETF 시장을 보유하고 있는데, 이 중에서 13% 정도가 스타일 ETF 시장일 정도로 2000년 6월 첫 상장 이후 몇 년 만에 월등한 성장세를 보이고 있다. 이런 성장 배경에는 일반 펀드나 지수보다 상대적으로 높은 수익률과 낮은 운용 비용 등의 장점이 작용하였다. 우리나라의 경우에도 스타일 ETF의 도입으로 늘어난 ETF 투자 수단은 기관 투자가들부터 개인 투자가들까지 좀 더 다양한 투자 메뉴를 접하고, 새로운 투자 전략을 수립할 수 있다는 점에서 스타일 ETF는 향후 성장이 기대되는 투자 수단이라고 할 수 있다. ✳

주가의 흐름에 연계된 상품

　　주가연동 상품에 대한 일반인들의 투자가 시작된 지 4~5년 정도 밖에 되지 않았지만, 상품에 대한 투자자들의 관심과 열기는 사뭇 뜨겁다. 이는 2000년 이후 저금리 기조가 지속되고 있고, 투자처를 찾지 못한 유동성 자금들이 새로운 상품들에 대한 관심을 보이고 있기 때문이다. 이런 여러 가지 신금융 상품 중에서 주가연동 상품, 그 중에서도 대표적인 ELS나 ELD는 상당히 많이 알려져 있는 상품이다. 여기서는 ELS, ELD에 대한 기초적인 내용부터 시작해서 최근의 상품 유형까지 알아보는 자리를 마련해 보기로 한다.

주가연계 상품은 저금리가 지속되면서 고객들의 저금리 시대 대안 상품에 대한 수요를 파악하여 은행권에서 처음 판매가 시작되었다. 하지만 은행의 정기예금의 대안 상품으로 출시된 관계로 만기는 1년 이하의 단기 위주의 상품들이 주를 이루었다.

후에 증권사에서는 은행권의 원금 보장 상품이 저마진 상품이며, 은행 고객과 증권사 고객들의 위험 선호도가 다를 것이라는 점을 고려하여 원금이 보장되지는 않지만 고객들에게 주어지는 수익은 더 높은 상품을 출시하게 되는데, 당시 일본 등에서 인기를 끌었던 Reverse Convertible(지수가 일정수준 이하로 하락하지 않을 경우 일정수준 이상의 수익률을 지급하는 기준)구조였다. 하지만 당시 금융 상품은 원금 보장이 되어야 한다는 인식 때문에 좋지 않은 판매 실적을 내며 마감을 하게 되었다.

그러나 최근 들어 적립식 펀드 열풍 등에 힘입어 개인의 투자 영역이 확대되고, 다양한 투자자산에의 수요가 증가하면서 다시금 주가연계 상품들이 큰 인기를 끌고 있다. 상품의 만기도 1년 이상의 상품이 대부분을 차지하고, 원금을 보장해 주는 상품부터 원금 비보장이지만 고수익을 추구할 수 있는 상품까지 다양한 상품들이 출시되고 있다.

주가연동 상품은 크게 운용 주체가 어디냐에 따라 주가연동예금

(ELD: Equity Linked Deposit), 주가연동증권(ELS: Equity Linked Securities), 주가연동펀드(ELF: Equity Linked Fund)로 구분된다. 편입 자산의 운용 방식에 따라 채권형이나 주식형으로 나누기도 하지만 이는 실무상의 분류이고, 투자자들의 입장에서는 운용 주체에 따른 분류 정도만 인식하면 될 것이다.

설계와 운용상의 주체가 은행 고유 계정이면 예금(Deposit) 상품 이 되는 것이고, 증권사일 경우에는 증권(Securities), 투신사일 경우 에는 펀드(Fund)가 되는 것이다. 기본적으로는 지수나 개별 종목의 주가에 연동된다는 점에서는 동일하나, 각각의 상품은 특징적인 부 분이 있기 때문에 개인의 성향에 맞추어서 선택을 해야 한다. 유의 할 점은 주가연동펀드의 경우에도 은행에서 판매가 되고 있고, 주가 연동증권 역시 은행에서 특정금전신탁 등의 형태로 판매되고 있기 때문에 상품 선택시 충분한 고려를 해야 한다.

원금 보장 부분에 있어서 은행의 연동예금의 경우에는 예금자 보 호법의 적용을 받아 5천만 원 한도 내에서는 원금이 보장되지만, 증 권사의 연동증권과 투신사의 연동펀드는 예금자 보호법의 적용을

주가연계 상품의 비교

구 분	ELS	ELD	ELF
운용사	증권사	은행	투신사
상품 성격	유가증권	예금	수익증권
원금 보장 여부	발행 증권사가 보장 (예금자 보호는 안 됨)	예금자 보호법 적용 (5천만 원 한도)	없음 (원금 보존 추구)

받지 못한다. 하지만 증권사의 연동증권은 발행 증권사가 부도가 나지 않는 이상 원금 보장이 되며, 투신사는 신탁 상품인 관계로 원금 보존을 추구하지만 원금보장을 하는 것은 아니라는 것을 알아두어야 한다.

수익률 측면에서는 일반적으로 증권사의 ELS와 투신사의 ELF가 상대적으로 높다. 은행의 ELD의 경우 예금자 보호를 받을 수 있다는 점에서 초기에 상당한 인기를 끌었지만, 수익률 자체는 ELS나 ELF에 비해서 낮기 때문에, 다양한 수익구조가 가능한 증권사의 ELS와 투신사의 ELF로 많은 자금이 몰리기도 했다.

||||| 주가연동 상품의 유형

주가연동 상품과 같은 장외파생 상품(Derivative Securities)으로 설계를 하는 상품들의 특징은 투자자가 원하는 수익과 위험의 수준에 따라서 매우 다양한 상품 설계가 가능하다는 것이다. 그만큼 다양한 장외파생 상품들이 존재하고 있다는 것이며, 향후 투자자들의 수요가 확대될수록 현존하는 상품보다 훨씬 많은 상품들이 나올 것이라 판단된다. 여기서는 가장 일반적인 유형인 원금보장형과 조기상환형(early redemption) 상품 정도까지만 알아보기로 하자.

원금보장형의 경우 펀드 자산의 대부분을 안정적인 채권에 투자하고 투자된 채권에서 발생하는 만기까지의 이자 발생분만큼을 장외 파생 상품인 워런트에 투자하여 원금 보존을 추구하는 형태가 있다.

5년간 100유로를 투자할 예정인 투자자가 있다. 5년 유로화 채권의 금리가 3.66%일 경우, 이 투자자는 무이표채권(zero coupon bond : 이자를 지급하지 않는 채권)에 투자금액의 83.5%를 투자하고, 나머지 16.5%의 금액은 DJ Eurostoxx50 옵션에 투자를 한다. 5년 뒤에 투자자는 무이표채권에 투자한 금액이 83.5%에서 100%로 되면서 원금을 보장받게 되고, 추가적으로 DJ Eurostoxx50 옵션에서 발생된 수익을 취할 수 있다.

위의 경우는 옵션에 투자할 경우를 가정하였지만, 워런트에 투자를 하였을 때에도 동일한 효과를 낼 수 있다. 옵션이나 워런트 모두 주가나 주가지수가 우호적인 움직임을 보여 가치가 상승하면 상승분만큼의 이익을 취하게 되고, 하락을 하게 되어 손실을 입게 되어도 원금은 보장받을 수 있는 형태가 된다.

수익구조 예시를 살펴보자. 수익구조를 결정할 때 기준이 되는 대상 자산을 '기초자산'이라 한다. 일반적으로 지수형의 경우 KOSPI200 지수를 사용하는데, 이런 KOSPI200과 같은 지수를 기초자산이라 한다.

만기시 주가가 투자 당시보다 낮을 경우는 원금만 보존을 받고, 15% 정도가 오르면 연 13.2%의 수익을 얻게 되는 구조이다. 하지만 주가가 20% 이상 상승할 경우에는 연 3%의 수익률로 확정이 되는

데, 일정수준 이상으로 주가가 상승시 수익률이 오히려 떨어지는 구조를 넉 아웃형(knock-out)이라고 하며, 20%를 베리어(barrier)라고 한다. 그리고 연 3%의 수익률은 베리어에 도달시 지급되는 수익률을 리베이트(rebate)라고 한다. 용어가 생소하고 어색할 수 있지만, 사실 이런 상품은 용어의 숙지보다는 수익구조를 이해하는 것이 더 중요하다고 할 수 있다.

원금보장형 상품의 수익구조 예시

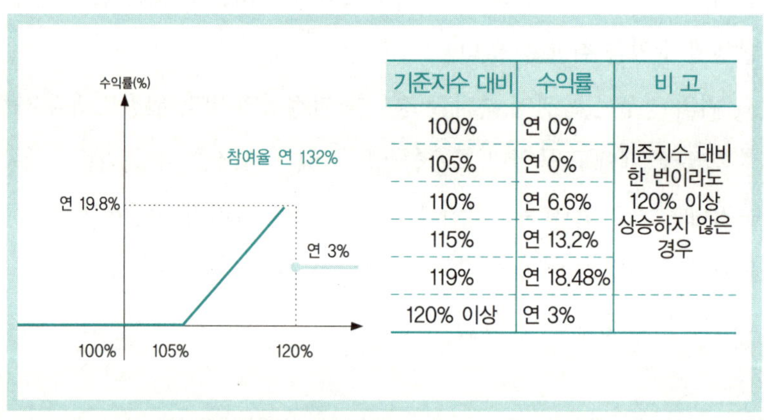

기준지수 대비	수익률	비 고
100%	연 0%	기준지수 대비 한 번이라도 120% 이상 상승하지 않은 경우
105%	연 0%	
110%	연 6.6%	
115%	연 13.2%	
119%	연 18.48%	
120% 이상	연 3%	

원금 비보장형 상품 중 널리 알려져 있는 상품은 조기상환 기회를 부여한 지수 및 개별 종목 주가연계 상품이다. 이를 Variable Maturity Note(=Early Redemption Note)라 하는데, 최종 만기는 3년이지만, 6개월마다(혹은 3개월마다) 조기상환 기회를 주어 조건을 충족시키면 원금과 이자를 지급하는 구조의 상품이었다. 이 상품의 등

장은 주가연동 상품의 주류 방향을 완전히 뒤바꾸어 놓을 정도로 큰 인기를 끌었으며, 이후의 조기상환 상품의 전성시대를 이끌어 낸 주체가 되었다.

기존의 상품들이 장기로 투자를 유도하기에는 쉽지 않았지만, 매 3~6개월마다 조기상환 기회를 부여하여 투자자로 하여금 심리적 안정감을 유도했다. 보통 6번의 기회를 부여하기 때문에 Six Chance 라 불려지기도 하였고, 기초자산이 지수 하나일 경우 Single Index Redemption, 종목이 2개일 경우 Two Star Redemption 등으로 상품명이 정해지기도 하였다. 따라서 해당 상품의 이름만 보아도 대략 어떤 형태의 주가연동 상품인지 알 수 있었다.

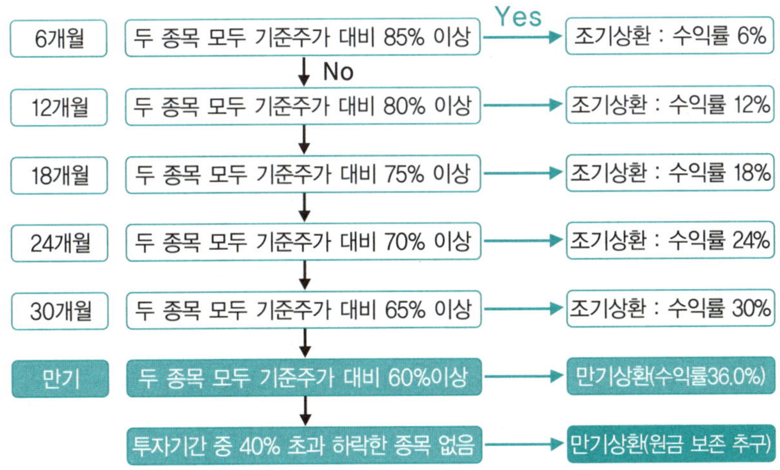

원금 비보장형 상품의 수익구조 예시

위와 같은 상품은 원금 보존 상품에 비해 조금 더 복잡한 구조가 들어가게 된다. 상품의 가치는 주가지수 행사가격이 일정수준 이상인 이색 풋옵션(Put Option)을 매도하고, 이색 유로피언 에이티엠 디지털(European ATM Digital) 옵션을 매입하여 조기상환 기회를 달성하지 못할 때에도 다른 조건을 부여할 수 있는 기회를 만들어 놓은 형태이다. 이 역시 앞에서 언급한 대로 용어를 숙지할 필요가 전혀 없다. 수익구조의 큰 틀 정도만 이해하면 충분하다.

위 상품의 경우는 2종목의 주가에 연동되는 상품인데, 6개월 뒤 두 종목의 주가가 투자 당시의 주가인 100%보다 15%가 빠지지 않았을 경우 연 12%의 이자를 지급하는 형태의 상품이다. 불과 얼마 전까지는 기준주가와 비교되는 베리어(barrier)가 초기 85%라 하면 만기시까지 베리어가 유지되었지만, 최근에는 스텝다운(step-down) 구조라 하여, 6개월 뒤에 85%일 경우, 그 다음 6개월 뒤에는 5%를 낮추어 80%에 기회를 주는 형태의 상품이 인기를 끌게 되었다. 투자자의 입장에서도 6개월 뒤에 추가적인 기회를 제공하여 준다는 점과 제공되는 기회가 이전보다 더 좋은 조건이라는 점이 매력적으로 인식되었다.

이런 상품의 경우에는 일반적으로 Increasing Coupon의 개념(기회가 넘어가더라도 시중은행 금리의 2~3배에 가까운 수익이 누적되는 형태)이 적용되기 때문에, 투자자들에게는 다양한 선택의 폭을 부여하여 준 상품이며, 원금 보장형 상품에 비해 상대적으로 높은 수익을 얻을 수 있다는 점이 장점인 상품이다.

||||| 주가연동 상품의 유의점

주가연동 상품은 향후 저금리 시대가 지속될수록 주목받을 수 있는 여지가 충분히 있는 상품이다. 하지만 주가연동 상품의 판매가 호황을 이뤘던 시기가 주식시장이 전반적인 강세 시장이었다는 점을 감안하면, 앞으로 주식시장의 하락이 클 경우 투자자들에게 좋지 못한 경험을 안겨줄 여지가 있다.

따라서 상품 선택시 본인의 투자 성향에 따라서 원금 보장 여부와 만기 등을 꼼꼼하게 따져 보아야 한다. 특히 조기상환 상품의 경우, 만기는 조기상환일을 기준으로 생각하는 게 아니라 조기상환이 안 되는 점을 감안하여, 실질 상품 만기를 따져서 투자를 해야 한다는 점을 명심해야 한다. 주가연동 상품은 만기 전 환매가 원칙적으로 금지되어 있고, 환매를 강행할 경우 원금의 상당 부분이 손실이 날 수 있기 때문에 상품의 실질 만기는 반드시 알고 있어야 한다. 그리고 매우 다양한 장외파생 상품만큼이나 수익구조 역시 다변화되어 출시되기 때문에, 투자시마다 꼼꼼하게 본인에게 유리한 구조를 선택해야 한다.

무엇보다 가장 중요한 것으로, 주가연동 상품의 가장 핵심은 기초자산의 시장 전망을(주가의 흐름이 긍정적이냐 부정적이냐) 점검해 보아야 한다는 것이다. 아무리 구조가 훌륭하고 원금 보장이 된다고 하더라도 투자의 목적은 수익을 내는 데 있다는 것을 생각해야 한다. 주가연동 상품의 가장 중요한 부분은 기초자산의 미래 가격 움직임이므로, 투자에 앞서 반드시 전문가와 상담을 하고 본인 스스로도 신중하게 판단하기를 권한다.

주식과 채권의 장점을 모은 전환사채

기업이 사업을 영위하거나 어떤 목적을 달성하기 위해서는 자금이 필요하다. 중소기업의 경우에는 자금의 확보 여부가 기업의 사활을 결정할 정도로 자금 확보의 필요성은 더 큰 편이다. 따라서 기업의 재무담당이사(CFO)나 대표이사(CEO)는 사업 전략 수립만큼이나 자금 조달에 대한 고민도 많이 하고 있다. 기업이 자금을 조달하는 방법에는 여러 가지가 있다. 일반 개인들과 마찬가지로 은행을 통해서 대출을 받기도 하고, 주식을 발행하여 주주들을 모집하여 자금을 모으기도 한다. 그리고 채권을 발행하여 채권자들을 모집한 후 자금을 모으기도 한다.

채권을 발행한 기업은 채권자들에게 약정된 이자를 언제 지급해 줄 것인지 약정을 하고 채권자(개인 투자자나 기관 등)에게서 자금을 빌린 후에 만기가 되면 원금을 돌려준다. 이런 채권 투자는 금융이 발달한 국가에서는 상당히 보편화되어 있는 편이다. 기관 투자가는 물론이고 개인 투자자들에게도 채권 투자는 상당히 인기가 있다. 따라서 확정금리를 지급하는 금융 상품이라고 하면 한국에서는 예·적금이 널리 알려져 있지만, 외국에서는 채권을 확정금리의 대표적인 상품으로 보기도 한다.

하지만 채권 중에는 이자만 지급하는 채권도 있지만, '이자+α'를 지급하는 채권 상품도 있다. 혼합채권(Hybrid Bond)의 일종인데, 바로 전환사채(CB : Convertible Bond)이다. 전환사채의 상품 콘셉트는 의외로 단순하다. 주식의 장점과 채권의 장점을 합쳐 놓은 상품이라는 것이다. 주식의 장점은 주식시장의 상승 시기에는 보유한 주식의 가격 상승으로 인한 차익(capital gain)이 생기는 것이고, 채권의 장점은 확정적으로 일정시기마다 이자를 지급해 준다는 것이다. 따라서 전환사채는 주식 상승기에는 주가 상승에 따른 차익을 누릴 수도 있으며, 주식시장이 그리 좋지 않을 때에는 채권의 이자를 받아가는 상품인 것이다.

||||| 원금보장형 주식개념의 상품

전환사채는 최근에 나온 상품이 아니다. 예전부터 있었던 상품이고, 재테크에 관심이 많은 사람들에게 입소문을 통해서 널리 알려져 있었다. 잘만 고르면 개인에게 매우 유리한 상품 중에 하나이기 때문이다. 채권은 발행한 기업의 부도 위험만 적다면, 안정적으로 은행 금리보다 고정적으로 높은 수익을 낼 수 있는 상품이다. 하지만 채권을 들고 있거나 예·적금에 가입한 사람들은 주식시장이 상승을 하고 있는 시기에는 상대적인 소외감을 느낄 수 있다. 나름대로 계산을 해서 고정금리 상품에 투자를 했는데, 친구가 주식 투자를 해서 몇 배의 수익을 단숨에 내버리게 되면 속이 아플 것이다. 그렇다고 주식 투자에 대한 경험이 많지 않다면 주식에 직접 투자를 할 수가 없다.

이런 사람들은 전환사채에의 투자를 한번 고려해 보는 것도 좋은 대안이 될 수 있다. 전환사채는 발행시에 채권과 마찬가지로 투자자들에게 금리를 결정하여 이자를 지급해 준다. 그리고 채권 투자기간 중에 해당 기업의 주식이 상승하면 주식으로 전환할 수 있는 권리를 부여해 준다. 주식시장 환경이 좋거나 해당 기업의 주가가 상승할 것이라 예상되면 전환가격을 점검해 보고 투자를 하면, 평소에는 이자를 지급받다가 주가 상승시 주식으로 전환하여 주식 매매 차익을 얻을 수 있다.

장내 전환사채 예시

(2007년 4월 기준)

종목명	가격	만기보장 수익률	표면금리	전환가격
동양메이저 228	16,400원	9.73%	1%	5,229원
동부일렉트로닉스 79	10,040원	5.5%	3%	2,155원
동양종금증권 72	22,202원	8%	5.5%	5,500원
현대카드 11	13,100원	9%	4%	8,831원
동부증권 3	14,280원	7%	5%	10,395원
금호석유화학 112	11,350원	4.5%	0%	22,900원
삼성카드 1037	12,681원	9%	2%	43,040원

표에서 보듯이 종목명은 채권이나 주식과 마찬가지로 전환사채를 발행한 기업을 나타낸다. 가격은 장내 전환사채이기 때문에 시장에서 거래되는 현재 가격을 의미하는 것이고, 만기 보장 수익률은 만기까지 채권을 보유하고 있을 때 보장해 주는 수익률을 의미하며, 표면금리는 연간 지급하는 이자라고 보면 된다. 마지막 전환가격은 주식으로 전환할 수 있는 가격을 의미한다.

예를 들어 전환사채에 투자를 했는데, 전환사채의 전환가격이 10,000원인데 주가가 12,000원이 되었다면 전환사채 투자자는 주식으로 전환하여 2,000원의 이익을 볼 수 있는 것이다. 만약에 주가가 오르지 않고 8,000원이라고 한다면 전환사채 보유자는 주식으로 전환하지 않고 이자만 받고 채권의 형태로만 보유하고 있으면 된다. 표면금리(연간 이자율)가 없는 채권이더라도 만기보장 수익률은 일정 부분 주기 때문에, 만기까지 간다고 하더라도 수익은 날 수 있다.

즉, 최소한의 금리가 보장된 원금보장형 주식의 개념인 셈이다.

|||| 투자시 점검할 필수사항

전환사채가 분명히 매력적인 상품임에는 틀림없지만, 투자 전에 꼼꼼하게 알아봐야 할 사항이 있다. 우선 전환사채도 발행 당시에는 채권의 개념이다. 즉 회사에 돈을 빌려준 자의 입장이 되는 것인데, 돈을 빌려준 입장에서는 돈을 떼이면 안 된다. 회사에 돈을 떼인다는 것은 회사가 부도가 나거나 지불 능력이 떨어지는 상태를 의미한다. 따라서 투자 대상 회사의 상태를 파악해야 한다. 개인이 판단하기 어렵다면 전문가에게 조언을 구하거나, 국내의 3대 신용평가 기관인 한국신용평가, 한국신용정보, 한국기업평가에서 신용평가 애널리스트들의 보고서를 참고하면 도움이 된다.

다음으로 점검할 내용은 해당 기업의 주가가 향후 오를 수 있느냐의 여부이다. 전환사채는 주가가 오르지 않더라도 채권 이자를 받을 수 있는 상품이기는 하지만, 투자를 하였으면 이자를 받다가 주식으로 전환하여 차익을 챙기는 것이 수익률 측면에서는 가장 좋은 전략이다. 전환사채는 투자자에게 주식으로 전환할 수 있는 일종의 옵션을 부여한 채권이기 때문에, 단순한 이자 지급 채권보다는 금리면에서 열등할 수 있다는 우려가 있다. 되도록이면 주가 상승의 여지가 있는 기업의 전환사채를 알아보는 것이 최종 투자 수익률 측면에서는 유리하다.

　마지막으로는 거래량을 점검해 봐야 한다. 전환사채 중에는 거래가 거의 없는 것들이 종종 있다. 이런 전환사채에 투자시에는 조금만 사도 가격이 오르는 바람에 비싼 가격을 주고 채권을 살 수도 있고, 반대로 팔 때에는 조금만 팔아도 가격이 떨어지기 때문에 싼 가격에 채권을 팔게 되어 본의 아니게 엉뚱한 곳에서 수익을 깎아 먹는 사태가 발생할 수 있다. 투자자금 회수시 환금성이나 가격의 왜곡 등을 사전에 방지하고자 한다면 기업의 내용과 더불어 거래량을 점검해 보는 것도 필요하다.